KB251868

백점 만점의 100점 받아쓰기

정명숙 지음 | 이일선 그림

2학년 2학기

맛·있·는·책·행·복·한·아·이
책먹는아이

현직초등교사가 8차 개정 교과서로 구성한

백점 만점의 100점

받아 쓰기 2학년 2학기

2009년 9월 15일 초판 1쇄 인쇄 | 2009년 9월 20일 초판 1쇄 발행 | 정명숙 지음 | 이일선 그림
펴낸이 안경란 펴낸곳 책먹는아이 | 주소 경기도 고양시 덕양구 토당동 335-72 1층
전화 031-970-1628 | 팩스 031-970-1629 | ISBN 978-89-93672-12-1 (63710)

ⓒ책먹는아이 2009 ＊잘못된 책은 구입하신 서점에서 바꾸어 드립니다.

이 책은 이렇게 구성되어 있어요.

❶ 개정된 초등학교 2학년 2학기 국어 교과서 〈읽기〉 〈쓰기〉 〈듣기·말하기〉 에 맞추어 한글을 익힐 수 있도록 구성하였기 때문에 학교 수업 진도에 맞게 미리미리 공부할 수 있어요.

❷ 교과서의 단원명과 쪽수를 밝혀서 아이들 스스로 예습과 복습을 할 수 있어요.

❸ 쓰기만 계속하다 보면 아이들은 지루해하기 마련이지요. 눈도 즐겁고 낱말의 뜻도 쉽게 알 수 있도록 예쁜 그림을 곁들였어요.

❹ 적당히 쓸 수 있는 분량의 어려운 낱말과 문장을 중심으로 엮었어요. 아이들이 한글에 지치지 않도록 많은 양의 글을 억지로 쓰게 하지 마세요. '과한 것은 모자람만 못하다'는 옛말 잊지 마세요.

❺ 원고지 쓰는 방법과 같게 구성하여 원고지 사용법을 저절로 익힐 수 있도록 하였어요. 예를 들어 " "(큰따옴표) 대화글이 있는 문장에서는 맨 앞칸을 띄우고 쓰는 원칙을 지켰어요.

❻ 단원이 끝날 때마다 맞춤법 학습지를 실어 틀리기 쉬운 낱말을 확실하게 익히도록 하였어요.

❼ 단원이 끝날 때마다 부모님이나 선생님께서 불러 주실 3단계의 받아쓰기 단계장을 부록으로 실었어요.

머리말

《백점 만점의 100점 받아쓰기》로 신나는 하루를!

받아쓰기 100점 맞아야 돼!
아침 학교 가는 길에 어머니가 당부합니다.
쓰기 시험은 늘 맘졸이게 하지만 백점 만점을 맞으면
기분 상쾌한 하루가 됩니다.

초등학교 1학년 때가 생각납니다. 처음으로 한글을 배우던 시절, 매일 받아쓰기 시험을 봤고, 틀리는 개수대로 어머니께 손바닥을 맞아야 했습니다.

100점을 맞았을 때는 동그라미가 10개 그려진 공책을 펴들고 신나게 자랑을 했습니다. 받아쓰기 시험 때문에 긴장하긴 했지만 그 덕분에 한글을 일찍 깨쳤고, 100점 맞는 재미에 어려운 어휘까지 빨리 터득했습니다.

내가 국어교육과를 나와서 초등학교 선생님이 되고 더불어 작가까지 된 것도 아마 저학년 때의 꾸준한 받아쓰기 덕분이 아닌가 생각합니다.

요즘의 아이들은 받아쓰기를 곧잘 합니다. 한글을 빨리 깨쳐서 초등학교에 입학하기 때문에 100점을 맞는 아이들이 수두룩합니다. 하지만 어려운 낱말이 늘어갈수록 이 법칙이 깨지는 경우를 종종 봅니다.

"시계의 계가 '어이'예요, '여이'예요?"

"왠지의 왜가 '오애'예요, '우에'예요?"

"목걸이의 걸이를 받침 글자로 써요, 소리나는 대로 써요?"

"설거지의 거지를 소리나는 대로 써요, 받침 글자로 써요?"

　목걸이는 받침 글자로 쓰고, 설거지는 소리나는 대로 쓰기 때문에 아이들은 많이 헷갈려합니다. 이런 예는 많이 있습니다. '목걸이, 옷걸이, 얼음, 걸음'과 같이 받침 글자로 써야 하는 경우가 있는가 하면, '목거리, 설거지, 뻐꾸기, 거름'과 같이 소리나는 대로 써야 하는 경우도 있습니다. 이럴 때는 사전에서 그 뜻을 찾아 정확하게 설명해 주는 것이 이해를 돕는 지름길입니다.

　목걸이는 보석 따위로 된, 목에 거는 장신구를 뜻하고, 목거리는 목이 붓고 아픈 병을 뜻한다는 것. 설거지는 먹고 난 뒤의 그릇을 씻어 정리하는 일이고, 설겆이는 틀린 말이라는 것.

　한글 공부도 다 때가 있습니다. 저학년이라 불리는 1, 2학년 때 받아쓰기를 강조하는 것도 이 시기가 적기이기 때문입니다. 저학년 때 익혀야 할 글자를 제대로 익히지 못하면 난이도가 높은 낱말이 홍수처럼 밀려드는 고학년에서 이해 용량이 부족해 아이들 자신이 무척 힘들어합니다. 반면에 완벽하게 끝내고 올라간 아이들은 자신감이 붙어 국어 학습은 물론 창의력을 요하는 글짓기까지 탄력을 받아 실력이 쑥쑥 늘어갑니다. 《백점 만점의 100점 받아쓰기 시리즈》는 읽기와 쓰기 교과서를 중심으로 만들었기 때문에 학습 효과는 물론 한글 공부를 익히는 데 큰 도움을 줄 것입니다.

"선생님, 오늘 받아쓰기 안 해요?"

　100점짜리 공책을 들고 어머니한테 자랑하고 싶어서 하루라도 빠지면 하자고 졸라대던 똘망똘망한 2학년 제자들의 모습이 떠오릅니다.

　《백점 만점의 100점 받아쓰기 시리즈》와 함께 신나는 한글 공부와 국어 공부를 하는 2학년이 되길 바랍니다.

한글과 아이들을 사랑하는 지은이 씀

차례

1. 느낌을 나누어요

흉내 내는 말의 느낌을 살려 '들강달강' 전래동요를 따라 써 봅시다.

들강달강 들강달강
서울 길을 올라가서
밤 한 되를 사다가
선반 밑에 두었더니
올랑졸랑 생쥐가
들락날락 다 까먹고
밤 한 톨이 남았구나
옹솥에다 삶을까
가마솥에다 삶을까
가마솥에다 삶아서
바가지로 건져서
겉껍질은 누나 주고
속껍질은 오빠 주고
알맹일랑 너랑 나랑
알공달공 나눠 먹자
들강달강 들강달강

들	강	달	강

올	랑	졸	랑

들	락	날	락

알	공	달	공

들강달강은 옛날부터 아이들이 놀이를 하며 부르던 노래입니다. 또 어른들이 아이를 업고 재우려고 부르던 노래입니다.

1. 느낌을 나누어요

인물의 마음이나 기분을 생각하며 '야들야들 다 익었을까?'를 따라 써 봅시다.

◆ 양반 : 혼자 먹고 싶은 마음

"돌	쇠	야	,		'	까	'		자	로
끝	나	는		세		줄	로			된
시	를		먼	저		짓	는			사
람	이		고	기	를		다			먹
도	록		하	자	.	"				

<table>
<tr><td></td><td></td><td>"야</td><td>들</td><td>야</td><td>들</td><td></td><td>다</td><td></td><td>익</td><td>었</td></tr>
<tr><td></td><td>을</td><td>까</td><td>?</td><td></td><td>쫄</td><td>깃</td><td>쫄</td><td>깃</td><td></td><td>맛</td></tr>
<tr><td></td><td>이</td><td></td><td>있</td><td>을</td><td>까</td><td>?</td><td></td><td>냠</td><td>냠</td><td></td></tr>
<tr><td></td><td>한</td><td>번</td><td></td><td>먹</td><td>어</td><td></td><td>볼</td><td>까</td><td>?</td><td>"</td></tr>
</table>

'반들반들 윤기가 돌고 보들보들한 모양'을 뜻하는 흉내 내는 말은 무엇일까요?

'어린아이 등이 음식을 맛있게 먹는 소리 또는 그 모양'을 뜻하는 흉내 내는 말은 무엇일까요?

14

✏️ 시를 읽고 제목을 지어 봅시다.

자세히 보아야
예쁘다.

오래 보아야
사랑스럽다.

너도 그렇다.

✏️ 내가 제목을 짓는다면 무엇으로 하고 싶나요? 그렇게 생각한 까닭도 적어 보세요.

● 제목 :

● 까닭 :

★ 이 시의 제목은 '풀꽃'입니다.

15

 **제목**을 떠올리며 동시를 따라 써 봅시다.

 이 시의 **제목**은 무엇일까요?

💚힌트❤ '매~'하고 우는 동물이에요.

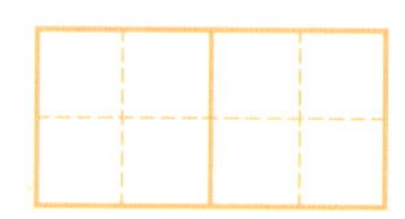

내가 **제목**을 짓는다면 무엇으로 하고 싶나요? 그렇게 생각한 까닭도 적어 보세요.

- 제목 :

- 까닭 :

1. 느낌을 나누어요

 인형극의 종류와 특징을 따라 써 봅시다.

**줄
인형극**

인형의 머리, 손, 발 등에
줄을 매달아 표현합니다.

**그림자
인형극**

인형에 빛을 비추어
그림자로 표현합니다.

**손
인형극**

인형 속에 손을 넣어
표현합니다.

**탈
인형극**

얼굴에 탈을 쓰거나
옷을 직접 입고 표현합니다.

1. 느낌을 나누어요

보기와 같이 주어진 낱말의 글자를 이용하여 두 글자의 새로운 낱말을 만들어 봅시다.

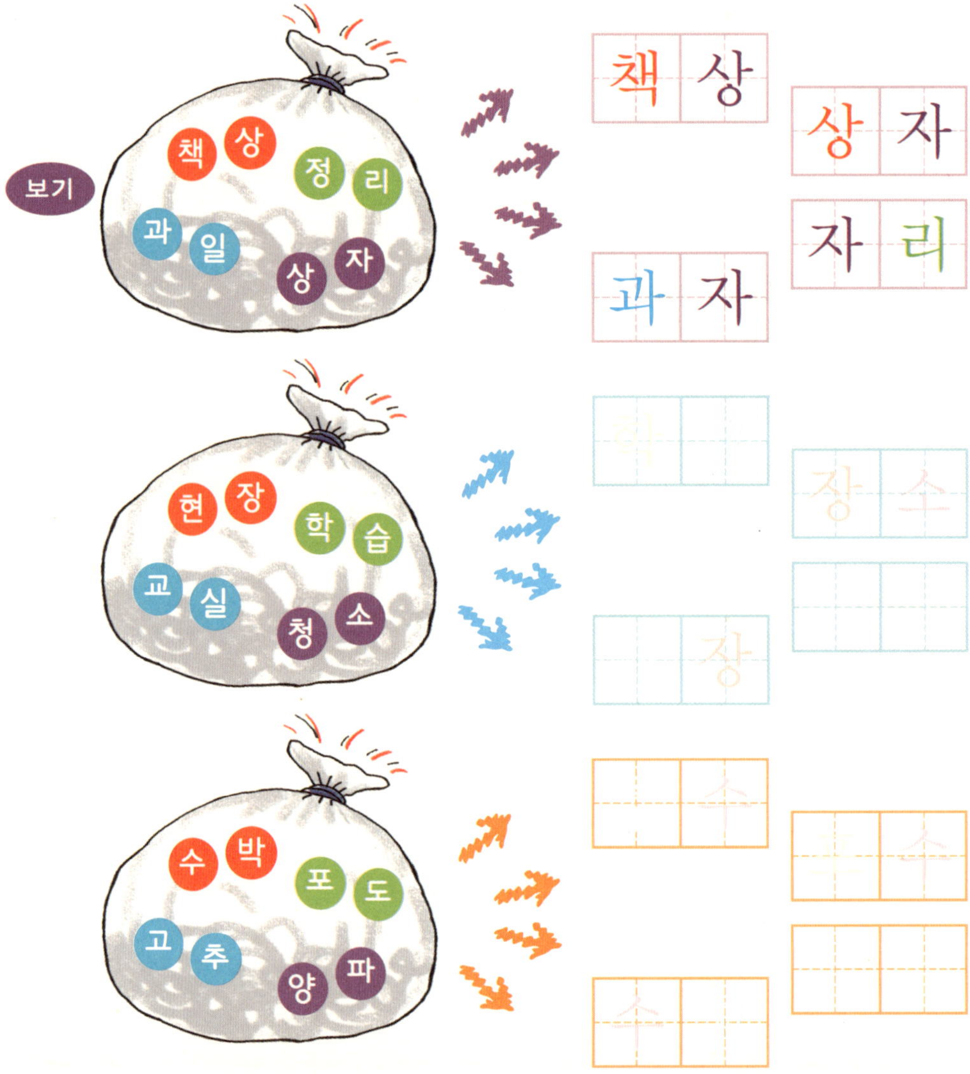

책상

상자

과자

자리

장소

1. 느낌을 나누어요

일기를 자세히 쓰는 순서와 방법입니다.

9월 16일 토요일   날씨 매우 더움

제목 : 축구

오늘 공부를 마치고 집으로 가려고 하는데, 운동장에서 친구들이 축구를 하고 있었다. 나도 우리 반 친구들과 축구를 하였다. 축구를 한 친구는 모두 12명이었다. 경기의 결과는 3 대 3으로 동점이었다. 내가 실수만 하지 않았어도 이겼을 텐데. 그런데 선희가 괜찮다고 말해 주어서 고마웠다. 다음에는 실수하지 않고 잘하여서 우리가 꼭 이길 수 있도록 노력하여야겠다. 참 재미있었다.

← 날짜, 날씨를 모두 써요.

← 제목은 내용에 어울리게 붙여요.

← 언제, 어디에서 있었던 일인가요?

← 누구와 무엇을 하였나요?

← 그 일이 있었을 때 어떤 말과 행동을 하였나요?

← 그 일이 있었을 때 어떤 생각과 느낌이 들었나요?

● 언제 [오늘]   어디에서 [운동장에서]

● 누구와 [친구들과]   무엇을 하였나 [축구를 하였다]

일기를 자세히 쓰려면 언제 어디에서 있었던 일인지, 누구와 무엇을 하였는지, → 그 때 어떤 말과 행동을 하였는지, 어떤 생각과 느낌이 들었는지 잘 떠올려야 해요.

다음은 일기를 쓰기 전에 쓸 내용을 정리한 표입니다. 다음을 보고 일기를 써 봅시다.

날짜, 날씨 9월 17일 일요일　　비

겪은 일 어머니께서 병이 나셔서 아침에 일어나시지 못하였다. 열이 많이 나고 허리가 쑤신다고 하셨다. 나는 수건을 뜨거운 물에 적셔 갈아드리고, 동생은 어머니 등을 밟아드렸다.

생각이나 느낌 계속 누워만 계시던 어머니께서 일어났을 때 정말 기뻤다. 그런데 다시 현기증이 난다고 하셔서 하루종일 우울하고 속이 많이 상했다.

월　　　일　　요일　　｜　　날씨

제목

✏️ 불러 주시는 내용을 잘 듣고 바르게 받아 써 보세요.

1.

2.

3.

4.

5.

6.

7.

8.

9.

10.

✏️ 틀린 글자를 잊지 않도록 바르게 써 보세요.

점수

백점 만점의 100점
받아쓰기 2단계

읽기
12~14쪽

🖊 불러 주시는 내용을 잘 듣고 바르게 받아 써 보세요.

1.

2.

3.

4.

5.

6.

7.

8.

9.

10.

🖊 틀린 글자를 잊지 않도록 바르게 써 보세요.

점수

✏️ 불러 주시는 내용을 잘 듣고 바르게 받아 써 보세요.

1.

2.

3.

4.

5.

6.

7.

8.

9.

10.

✏️ 틀린 글자를 잊지 않도록 바르게 써 보세요.

점수

1단원 맞춤법 학습지

 잘못해서 맞춤법에 **틀리게** 썼어요. 바르게 고쳐 써 보세요.

틀린 글자	바르게 고친 글자
1. 한 줄기에 조로롱 메달린	
2. 선반 미테 두었더니	
3. 가마소테다 삶을까.	
4. 양반이 꽤를 내어 말하였습니다.	
5. 쫄깃쫄깃 마시 있을까?	
6. 냠냠 한번 머거 볼까?	
7. 고개를 수기고 말았답니다.	
8. 털을 떠러뜨릴 수도 있잖아?	
9. 샘물에 모글 축인 토끼는	
10. 바라미 지나갈 때마다	

점수

1단원의 받아쓰기 공부를 잘했나요?
맞춤법 문제는 1~3단계의 받아쓰기 중에서
틀리기 쉬운 글자를 중심으로 만들었어요.

2. 바르게 알려 줘요

새로 알게 된 내용을 생각하며 '고래가 물을 뿜어요'를 따라 써 봅시다.

물	을		가	장		높	이		내
뿜	는		고	래	는		대	왕	고 래
야	.		향	고	래	는		숨	구 멍 이
왼	쪽	으	로		치	우	쳐		있 어
비	스	듬	히		물	을		뿜	지 .

물을 내뿜는 고래의 숨구멍은 어디에 있을까요?

❶ 머리 꼭대기 ❷ 등 위 ❸ 꼬리 ❹ 입   머리 꼭대기

♥힌트♥ 읽기 28쪽에 나와 있어요.

✏️ 다음과 같이 뜻이 비슷한 낱말을 찾아봅시다.

- '티끌 모아 태산'에는 작은 것도 모으면 큰 것이 된다는 교훈이 담겨 있어.
- 아, 그런 가르침이 있구나.

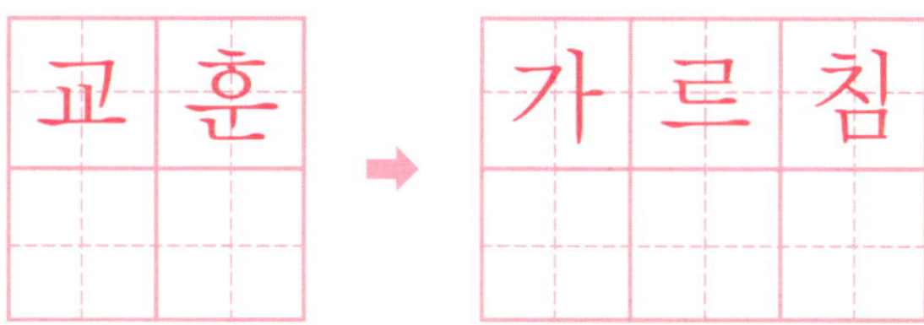

- 사람들은 서로 말을 곱게 하라는 뜻으로 이 말을 씁니다.
- 속담에는 조상의 지혜가 담겨 있기 때문에 지금도 많은 사람이 속담을 사용합니다.

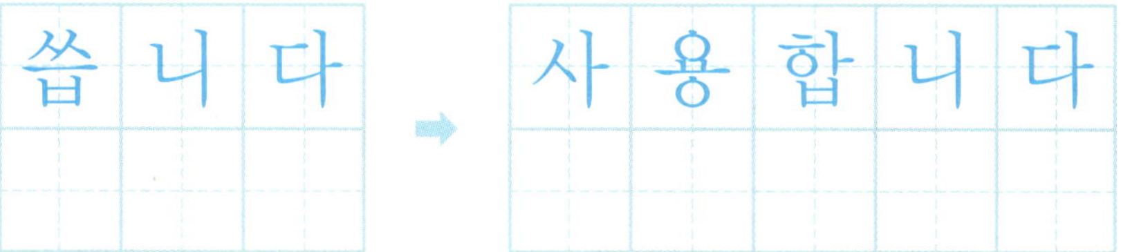

개미 금탑 모으듯 한다. → '티끌 모아 태산'과 비슷한 속담으로, 아무리 하찮은 것이라도 조금씩 모으다 보면 큰 덩어리를 이룬다는 말입니다.

개구리 고래 고양이 닭 소 원숭이 쥐 호랑이

❶ 낮말은 새가 듣고 밤말은 ☐ 가 듣는다.

❷ ☐ 잡아먹고 오리발 내민다.

❸ ☐☐ 싸움에 새우 등 터진다.

❹ 바늘 도둑이 ☐ 도둑 된다.

❺ ☐☐☐ 한테 생선을 맡긴다.

❻ ☐☐☐ 올챙이 적 생각 못한다.

❼ ☐☐☐ 도 나무에서 떨어진다.

❽ ☐☐☐ 는 죽어서 가죽을 남기고,

사람은 죽어서 이름을 남긴다.

답: ❶쥐 ❷닭 ❸고래 ❹소 ❺고양이 ❻개구리 ❼원숭이 ❽호랑이

2. 바르게 알려 줘요

✏️ 보기와 같이 뜻이 비슷한 낱말을 써 봅시다.

어귀 ➡ 길목

구실	➡	역할
마을	➡	동네
바람	➡	소망
제일	➡	가장

동무	➡	친구
함께	➡	같이
모습	➡	모양
낱말	➡	단어

✏️ 서로 뜻이 비슷한 낱말끼리 선으로 이어 봅시다.

야채 •	• 나들이
외출 •	• 근심
환자 •	• 병자
걱정 •	• 어버이
부모 •	• 채소

친구에게 생일 선물을 받았어요. 어떤 선물인지 알아맞혀 봅시다.

❶ 동그랗게 생겼어요. 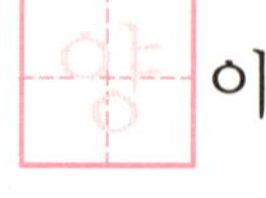 을 발로 차거나 방망이로 치기도 해요.

❷ 하루라도 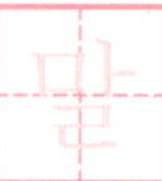 을 읽지 않으면 입 안에 가시가 돋친대요.

❸ 하얀 털이 복슬복슬한 동물이에요. 목장엔  이 무리지어 살아요.

❹ 가는  이 고와야 오는 말이 곱다고 하지요.

친구에게 받은 생일 선물은

과 이에요.

30

2. 바르게 알려 줘요

받침이 있는 낱말을 소리 나는 대로 써 봅시다.

낫 [낟] ➜ 낫이 [나시]

낮 [낟] ➜ 낮이 [나지]

낯 [낟] ➜ 낯이 [나치]

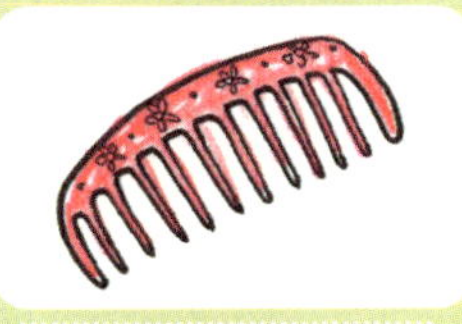

빗 [빋] ➜ 빗을 [비슬]

빛 [빋] ➜ 빛을 [비츨]

받침 모양은 'ㅅ, ㅈ, ㅊ'으로 서로 달라도 모두 [ㄷ]으로 소리 나요. 그래서 'ㄷ'을 대표음이라고 해요.

➜ 이어서 발음할 때에는 원래의 받침 대로 소리 나요. [ ]는 소리 나는 대로 적을 때에 사용하는 표시예요.

받침이 있는 낱말을 소리 나는 대로 써 봅시다.

'□ 놓고 기역 자도 모른다' 라는 속담에 들어갈 낱말은 무엇일까요?

♥힌트♥ 듣기 · 말하기 20쪽 그림에 나와 있어요.

'볏짚으로 삼아 만든 신' 을 뜻하는 낱말은 무엇일까요?

♥힌트♥ 듣기 · 말하기 21쪽 그림에 나와 있어요.

2. 바르게 알려 줘요

듣기 · 말하기
22~23쪽

낱말의 말소리의 길이에 주의하며 정확히 발음하여 봅시다.

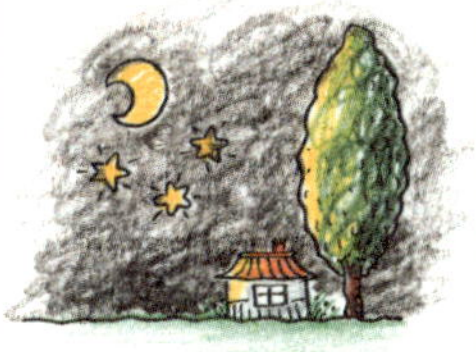

밤

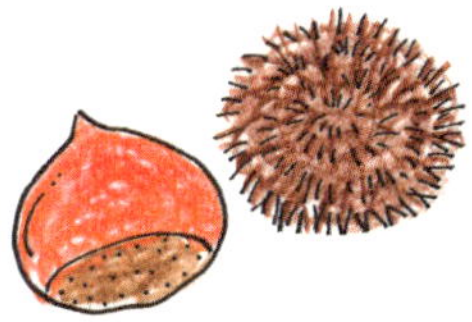

[밤]

[밤:]

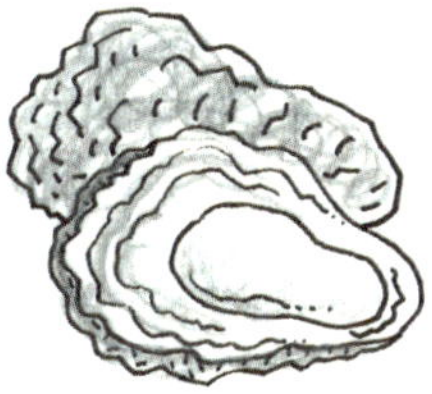

굴

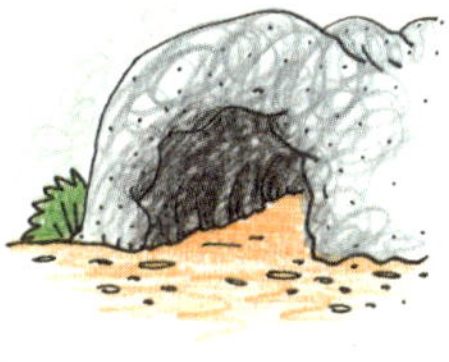

[굴]

[굴:]

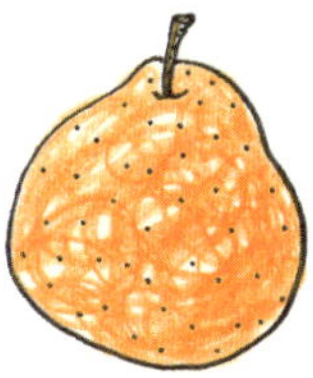

배

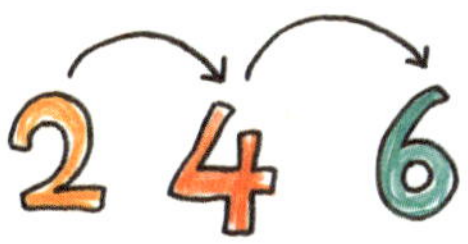

[배]

[배:]

글자는 같은데 말소리의 길이가 달라요.

'ː'는 길게 소리 낼 때에 사용하는 표시예요.

✏️ **낱말의 말소리의 길이에 주의하며 정확히 발음하여 봅시다.**

2. 바르게 알려 줘요

✏️ **빠르고 정확하게 발음**하며 친구와 말놀이를 해 봅시다.

1 간장 공장 공장장은 강 공장장이고
된장 공장 공장장은 장 공장장이다.

2 내가 그린 기린 그림은 잘 그린 기린 그림이고
네가 그린 기린 그림은 잘못 그린 기린 그림이다.

3 들의 콩깍지는 깐 콩깍지인가 안 깐 콩깍지인가
깐 콩깍지면 어떻고 안 깐 콩깍지면 어떠냐
깐 콩깍지나 안 깐 콩깍지나 다 콩깍지인데.

4 멍멍이네 꿀꿀이는 멍멍해도 꿀꿀하고
꿀꿀이네 멍멍이는 꿀꿀해도 멍멍하네.

5 작년에 온 솥 장수는 새 솥 장수이고
금년에 온 솥 장수는 헌 솥 장수이다.

● 내가 위의 글을 다 읽은 시간은 ☐ 분 ☐ 초입니다.

● 친구가 위의 글을 다 읽은 시간은 ☐ 분 ☐ 초입니다.

2. 바르게 알려 줘요

 다음 글을 읽고 **잘못 쓴 글자**를 고쳐 바르게 써 봅시다.

> 오리 가족 중에 못생긴 아기 오리가 있었어요. 색깔도, 크기도 달라서 형제들이 놀아 주지 안았어요. 사실은 미운 아기 오리는 우아하고 아름다운 백조였답니다. 못생기고 옷도 지저분한 친구가 실었는데, 겉모습만 보고 친구를 멀리한 것이 부끄러워요.

안았어요	실었는데	겉모습
않 았 어 요	싫 었 는 데	겉 모 습

잘못 쓴 글자를 바르게 써 봅시다.

❶ 저는 백설공주를 소개하게씀니다.

소	개	하	겠	습	니	다

❷ 이 세상에서 누가 재일 예쁜지 대답하는 거울이 있으면 조케씀니다.

제	일		좋	겠	습	니	다

다음 글을 읽고 틀린 글자를 고쳐 바르게 써 봅시다.

나는 도깨비감투라는 책을 재미있게 잃었어. 도깨비감투는 도깨비가 주인공에게 준 모자야. 그런대 그 감투를 쓰면 몸이 않 보여. 주인공이 도깨비감투를 쓰고 도둑질을 하여 실었지만, 나에게도 도깨비감투가 있으면 괜찬겠다는 생각을 하였어. 너도 이 책을 읽으면 재미있을 꺼야. 꼭 한번 읽어 보면 좋겠어.

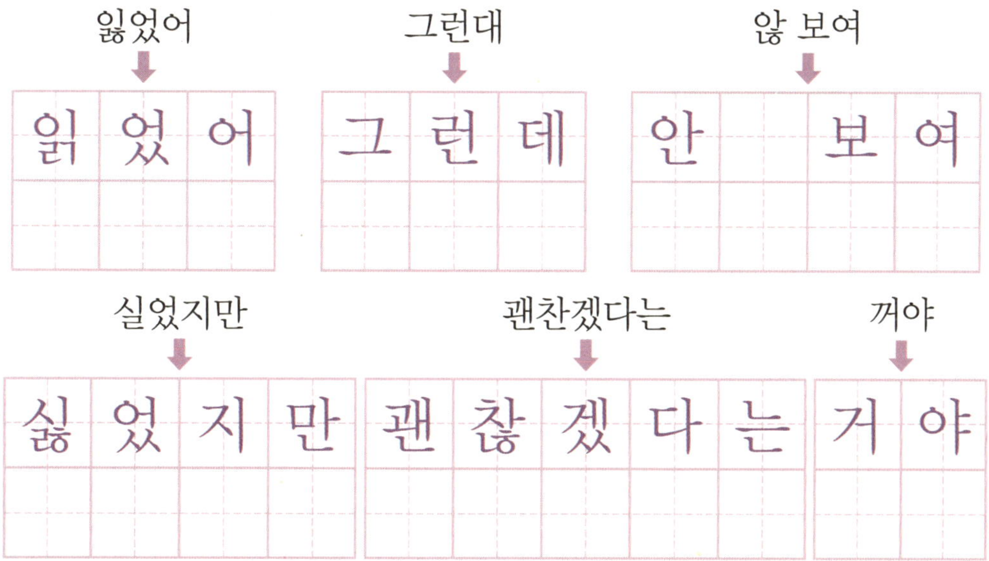

잘못 쓴 글자를 바르게 써 봅시다.

단풍닙	지우게	이러케	있읍니다
단풍잎	지우개	이렇게	있습니다

보기와 같이 어떤 장소를 안내하는 글자 대신 간단한 그림으로 그려 봅시다.

에 스 컬 레 이 터

화 장 실

도 서 관

식 당

✏️ 불러 주시는 내용을 잘 듣고 바르게 받아 써 보세요.

1.

2.

3.

4.

5.

6.

7.

8.

9.

10.

✏️ 틀린 글자를 잊지 않도록 바르게 써 보세요.

점수

백점 만점의 100점 받아쓰기 5단계

읽기 31쪽

불러 주시는 내용을 잘 듣고 바르게 받아 써 보세요.

1.
2.
3.
4.
5.
6.
7.
8.
9.
10.

틀린 글자를 잊지 않도록 바르게 써 보세요.

점수

✏️ 불러 주시는 내용을 잘 듣고 바르게 받아 써 보세요.

1.

2.

3.

4.

5.

6.

7.

8.

9.

10.

✏️ 틀린 글자를 잊지 않도록 바르게 써 보세요.

점수

2단원 맞춤법 학습지

읽기 24~35쪽

 잘못해서 맞춤법에 **틀리게** 썼어요. 바르게 고쳐 써 보세요.

틀린 글자	바르게 고친 글자
1. **직쩝** 눈으로 보고	
2. 매주 **워료이른** 쉽니다.	
3. 비스듬히 **무를** 뽑지.	
4. **에로부터** 전해져 왔습니다.	
5. 속담은 **교휸을** 담고 있습니다.	
6. 조상의 **지헤가** 담겨 있습니다.	
7. 나무나 돌을 **깍아** 만든	
8. **얼골** 모습도 아주 다양하단다.	
9. **도께비처럼** 무섭게 만들거나	
10. **반갑께** 인사하여 보면 어떨까?	

2단원의 받아쓰기 공부를 잘했나요?
맞춤법 문제는 4~6단계의 받아쓰기 중에서
틀리기 쉬운 글자를 중심으로 만들었어요.

점수

3. 생각을 나타내요

 **인물이 한 일**을 생각하며 '지혜로운 아들'을 따라 써 봅시다.

◀ 심술궂은 사또

찬	바	람	이		쌩	쌩	부	는

겨	울	날	,	사	또	가		이	방	을

불	렀	어	.

	"	여	봐	라	,	이	방	.	산	딸

기	를		따	오	너	라	.	"

'일반 백성이나 하급 벼슬아치들이 자기 고을의 원을 존대하여 부르던 말'을 뜻하는 낱말은 무엇일까요?

♥힌트♥ 비슷한 말은 '원님'이에요.

이튿날, 이방의 아들은 사또를 찾아갔어.

"아버지께서 편찮으셔서 제가 대신 왔습니다."

이방의 아들은 사또를 찾아가서 '아버지는 산딸기를 따러 가셨다가 ☐에게 물리셨습니다.' 라고 대답하였습니다. ☐ 안에 들어갈 동물은 무엇일까요?

♥힌트♥ 읽기 46쪽을 보면 나와 있어요.

인물의 생각과 그 까닭을 생각하며 '주혜의 약속'을 따라 써 봅시다.

> "어머니, 지금부터라
> 도 물이 오염되지
> 않게 해야겠어요. 물
> 은 소중하니까요."

주혜는 더러운 개천을 보며 어떤 생각을 하였나요?

➡ 물이 ☐☐ 되지 않게 해야겠다고 생각하였다.

그렇게 생각한 까닭은 무엇일까요?

➡ 물은 ☐☐ 하니까.

✏️ 인물의 생각과 그 까닭을 생각하며 '어떤 집을 만들면 좋을까요?'를 따라 써 봅시다.

지우

마당이 있는 집을 만들고 싶어.

강아지나 고양이도 기르고, 친구들과 뛰어놀기에도 좋기 때문이야.

유진

자동차처럼 움직이는 집을 만들고 싶어.

가고 싶은 곳을 여행할 수 있기 때문이야.

민희

방이 여러 개 있는 큰 집을 만들고 싶어.

친척이나 친구들이 놀러 와도 좋기 때문이야.

성욱

주변 경치가 아름다운 집을 만들고 싶어.

날마다 예쁜 꽃과 나무를 볼 수 있기 때문이야.

글을 읽고, **어떻게 하면 훈장님을 밖으로 나가시게 할 수 있을지** 생각해 봅시다.

> 옛날, 어느 마을의 서당에서 있었던 일입니다.
>
> 하루는 훈장님께서 말씀하셨습니다.
>
> "나를 방문 밖으로 나가게 하는 사람에게 상을 주겠다. 억지로 나가게 해서는 안 되고, 스스로 나가게 해야 한다."
>
> 아이들은 어떻게 하면 훈장님을 밖으로 나가시게 할 수 있을지 궁리하였습니다. 그러나 좋은 생각이 떠오르지 않았습니다.

어떻게 하면 훈장님을 밖으로 나가시게 할 수 있을까요?

> **예시** 아이들이 방문 밖으로 나간 뒤에 "방 안에 계신 훈장님을 밖으로 나오시게 하기는 어렵지만, 거꾸로 훈장님이 밖에서 안으로 들어오게 할 수 있습니다."라고 말하면 훈장님이 밖으로 나오게 됩니다.

'예전에 한문을 사사로이 가르치던 곳'을 뜻하는 낱말은 무엇일까요?

♥힌트♥ 비슷한 말은 '글방'이에요.

'글방의 선생'을 뜻하는 낱말은 무엇일까요?

♥힌트♥ '□□ 똥은 개도 안 먹는다'는 속담이 있어요.

3. 생각을 나타내요

듣기 · 말하기
42쪽

토끼와 거북이가 달리기와 강 건너기 겨루기를 하였습니다.
이긴 까닭을 읽어보고 이긴 동물 이름을 써 봅시다.

이긴 동물

이긴 까닭 │ 빨리 달릴 수 있기 때문이야.

이긴 동물

이긴 까닭 │ 헤엄을 잘 치기 때문이야.

3. 생각을 나타내요

 쌈돌이와 쌈순이가 심하게 말다툼을 하다가 선생님께 꾸중을 들었어요. 선생님은 말조심에 관한 속담 세 개를 찾으라고 하셨어요. 글자판에 숨어 있는 속담 세 개를 찾아보세요.

속담
- 가는 말이 고와야 오는 말도 곱다.
- 아 해 다르고 어 해 다르다.
- 발 없는 말이 천 리 간다.

백점 만점의 100점
받아쓰기 7단계

✏️ 불러 주시는 내용을 잘 듣고 바르게 받아 써 보세요.

1.

2.

3.

4.

5.

6.

7.

8.

9.

10.

✏️ 틀린 글자를 잊지 않도록 바르게 써 보세요.

점수

백점 만점의 100점
받아쓰기 8단계

✏️ 불러 주시는 내용을 잘 듣고 바르게 받아 써 보세요.

1.

2.

3.

4.

5.

6.

7.

8.

9.

10.

✏️ 틀린 글자를 잊지 않도록 바르게 써 보세요.

점수

백점 만점의 100점
받아쓰기 9단계

읽기
48~53쪽

✏️ 불러 주시는 내용을 잘 듣고 바르게 받아 써 보세요.

1.

2.

3.

4.

5.

6.

7.

8.

9.

10.

✏️ 틀린 글자를 잊지 않도록 바르게 써 보세요.

점수

3단원 맞춤법 학습지

읽기
40~53쪽

 잘못해서 맞춤법에 **틀리게** 썼어요. 바르게 고쳐 써 보세요.

틀린 글자	바르게 고친 글자
1. **뾰조칸** 자기 머리를 자랑하였고	
2. **널쩌칸** 자기 얼굴을 자랑하였고	
3. 그때, **갑짜기** 비가 내렸어요.	
4. **내모는** 구를 수가 없었지요.	
5. **심술구즌** 사또가 살았어.	
6. 무슨 **엉똥한** 일을 시킬지 몰라	
7. **여바라**, 이방.	
8. 어떤 집을 만들면 **조을까요**?	
9. 여러 곳을 여행하고 **시퍼**.	
10. **친구드른** 즐거워하였습니다.	

점수

3단원의 받아쓰기 공부를 잘했나요?
맞춤법 문제는 7~9단계의 받아쓰기 중에서
틀리기 쉬운 글자를 중심으로 만들었어요.

4. 마음을 주고받으며

4. 마음을 주고받으며

✏️ **글쓴이의 마음**을 생각하며 '민지야, 미안해'를 따라 써 봅시다.

🔷 **망설이는 마음**

'민	지	를	일	으켜	줘
야	하	나 ?	아	니	면
우	리	편	에 게	공	을
전	달	해 야	하	나 ?	'

✏️ '둘이 서로 어울려 한 벌이나 한 쌍을 이루는 것'을 뜻하는 낱말은 무엇일까요?

♥힌트♥ '□꿍, □지, 단□'에 공통적으로 들어가는 낱말이에요.

56

민	지	는		나	에	게		눈	길
도		주	지		않	았	다	.	

‘백두산 장생초’ 글에 나타난 **아들의 마음**은 어떤 마음일까요?

> 　백두산은 노인의 말대로 아주 높고 험한 산이었습니다. 어디에 장생초가 있는지 도저히 찾을 수 없었습니다. 아들은 지치고 힘이 빠져 바위 위에 주저앉았습니다.
> 　‘아, 장생초를 구할 수 없단 말인가?’

실망하는 마음

오악이라 불리는 우리나라의 이름난 다섯 산입니다. 이 중에서 가장 높은 산은 무엇일까요?

	백두산 (북쪽)	
묘향산 (서쪽)	북한산 (중앙)	금강산 (동쪽)
	지리산 (남쪽)	

4. 마음을 주고받으며

보기와 같이 앞 글자와 뒤 글자를 합쳐 한 낱말이 되는 글자를 찾아 써 봅시다.

| 밥 | + | 상 | = | 밥상 |
| | | 솥 | | 밥솥 |

| 색 | + | 종이 | = | |
| | | 연필 | | |

| 군 | + | 밤 | = | |
| | | 고구마 | | |

| 맨 | + | 손 | = | |
| | | 주먹 | | |

기와 + 집 = 기와집
초가 + 집 = 초가집

떡 + 국 =
만두 + 국 =

잠 + 옷 =
비 + 옷 =

동화 + 책 =
만화 + 책 =

축구 + 공 =
야구 + 공 =

4. 마음을 주고받으며

'끝말잇기 놀이'를 하는 방법을 알고 빈칸에 알맞은 낱말을 써 봅시다.

❶ 시작하는 사람이 하나의 낱말을 말합니다.
❷ 앞사람이 말한 낱말의 끝 글자로 시작하는 낱말을 이어서 말합니다.
❸ 같은 방법으로 계속 이어 가며 말합니다.

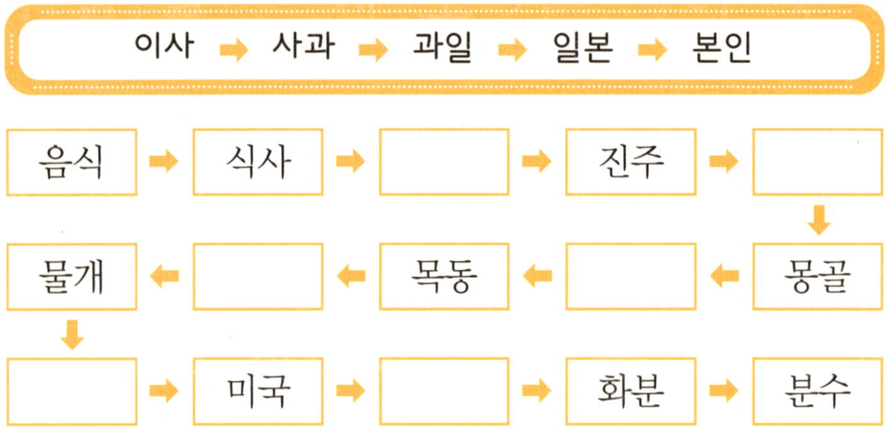

세 글자로 된 '끝말잇기 놀이'를 해 봅시다.

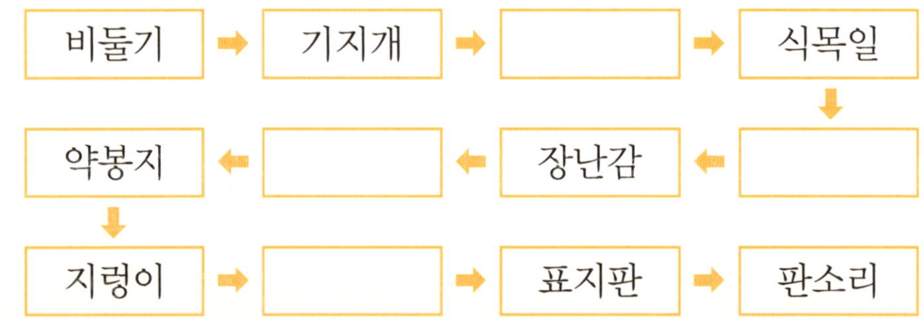

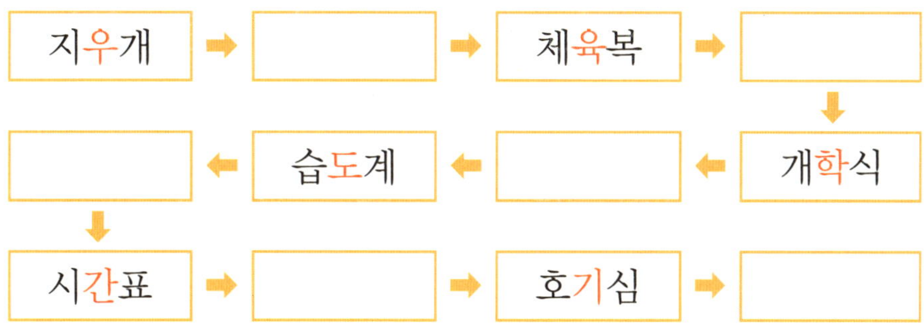

세 글자로 된 '가운데 말 잇기 놀이'를 해 봅시다.

| 지우개 | → | | → | 체육복 | → | |

| | ← | 습도계 | ← | | ← | 개학식 |

| 시간표 | → | | → | 호기심 | → | |

> ### '가운데 말 잇기 놀이'를 하면서 부르는 노래
>
> 무지개의 '지'를 맨 앞으로 보내면 지우개,
> 지우개의 '우'를 맨 앞으로 보내면 우체국,
> 우체국의 '체'를 맨 앞으로 보내면 체육복,
> 체육복의 '육'을 맨 앞으로 보내면 육개장,
> 육개장의 '개'를 맨 앞으로 보내면 개학식,
> 개학식의 '학'을 맨 앞으로 보내면 학습지,
> 학습지의 '습'을 맨 앞으로 보내면 습도계,
> 습도계의 '도'를 맨 앞으로 보내면 도시락,
> 도시락의 '시'를 맨 앞으로 보내면 시간표,
> 시간표의 '간'을 맨 앞으로 보내면 간호사,
> 간호사의 '호'를 맨 앞으로 보내면 호기심,
> 호기심의 '기'를 맨 앞으로 보내면 기지개…….

4. 마음을 주고받으며

 '**말 덧붙이기 놀이**'를 하는 방법을 알고 '시장에 가면' 놀이를 해 봅시다.

❶ 시장에 가면 생선도 있고,
❷ 시장에 가면 생선도 있고, 떡볶이도 있고,
❸ 시장에 가면 생선도 있고, 떡볶이도 있고, 장미도 있고,
❹ 시장에 가면 생선도 있고, 떡볶이도 있고, 장미도 있고, 양말도 있고…….

 '**시장에 가면**' 볼 수 있는 것을 써 보세요.

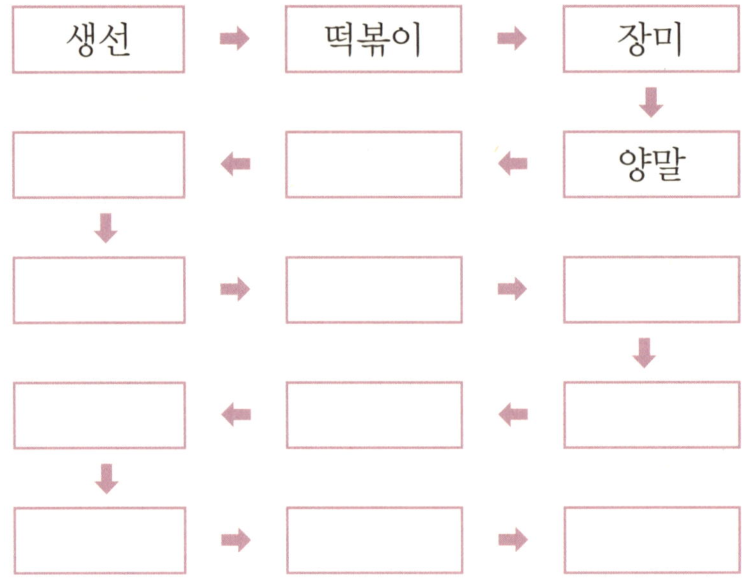

4. 마음을 주고받으며

쓰기
53쪽

✏️ 글자판에는 **초대하는 글에 들어가야 하는 내용**이 숨어 있습니다. 글자가 연결되도록 모든 방향에서 찾아 따라 써 보세요.

초대하는 말, 제목, 받을 사람, 때, 곳, 쓴 날짜, 쓴 사람

글	자	판	때	운	동	회
방	받	을	사	람	곳	연
향	연	결	쓴	부	자	극
산	타	날	모	사	리	발
중	짜	님	제	쥐	람	표
호	랑	이	목	해	골	회
걸	초	대	하	는	말	시

초대하는 글에 들어가야 하는 내용을 찾아 선으로 연결해 보세요. 어떤 글자가 되나요?

💚힌트❤ '초대하는 글'의 첫 글자예요.

4. 마음을 주고받으며

 '1에서 5까지의 숫자'를 이용하여 보기처럼 이야기를 만들어 봅시다.

> 1학년인 내 동생 준이는 말썽꾸러기예요. 2반 친구와 놀다가 오후 3시가 되어서야 집에 돌아왔지 뭐예요.
> 게다가 초인종은 어찌나 많이 누르던지…….
> '딩동 딩동 딩동 딩동~'
> 연거푸 4번을 눌러서 귀가 따가울 지경이었어요. 하지만 나는 5번이 울리도록 문을 열어 주지 않았어요. 화가 단단히 났거든요.

내가 만든 숫자 이야기

백점 만점의 100점
받아쓰기 10단계

✏️ 불러 주시는 내용을 잘 듣고 바르게 받아 써 보세요.

1.

2.

3.

4.

5.

6.

7.

8.

9.

10.

✏️ 틀린 글자를 잊지 않도록 바르게 써 보세요.

점수

✏ 불러 주시는 내용을 잘 듣고 바르게 받아 써 보세요.

1.

2.

3.

4.

5.

6.

7.

8.

9.

10.

✏ 틀린 글자를 잊지 않도록 바르게 써 보세요.

점수

백점 만점의 100점
받아쓰기 12단계

읽기
67~71쪽

✏️ 불러 주시는 내용을 잘 듣고 바르게 받아 써 보세요.

1.

2.

3.

4.

5.

6.

7.

8.

9.

10.

✏️ 틀린 글자를 잊지 않도록 바르게 써 보세요.

점수

4단원 맞춤법 학습지

읽기
60~71쪽

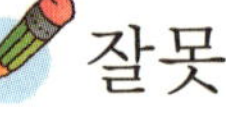 잘못해서 맞춤법에 **틀리게** 썼어요. 바르게 고쳐 써 보세요.

틀린 글자	바르게 고친 글자
1. 내 짝 민지 **차래가** 되었다.	
2. 옷에는 **흘기** 묻어 있었다.	
3. 나에게 **눈낄도** 주지 않았다.	
4. 머리를 **쓰다드머** 주셨다.	
5. 발걸음이 **가벼워따**.	
6. 시를 **일그며** 흐뭇해하셨다.	
7. 아주 **오랫** 옛날	
8. **품싸글** 받고 남의 일을 해 주며	
9. **절믄이**, 여기는 무엇하러 왔나?	
10. 곳곳에 씨앗을 **뿌려씀니다**.	

점수

4단원의 받아쓰기 공부를 잘했나요?
맞춤법 문제는 10~12단계의 받아쓰기 중에서
틀리기 쉬운 글자를 중심으로 만들었어요.

5. 어떻게 정리할까요?

✏️ 설명하는 내용이 무엇인지 생각하며 '딱지치기'를 따라 써 봅시다.

| 딱지치기의 뜻 | • — • | 다른 사람의 딱지를 따먹는 놀이입니다. |
| 딱지치기의 방법 | • — • | '뒤집기'와 '쳐 내기'로 상대방의 딱지를 따먹습니다. |

✏️ '옛날 궁중이나 양반집에서 항아리에 화살을 던져 넣던 놀이' 방법입니다. 어떤 민속놀이일까요?

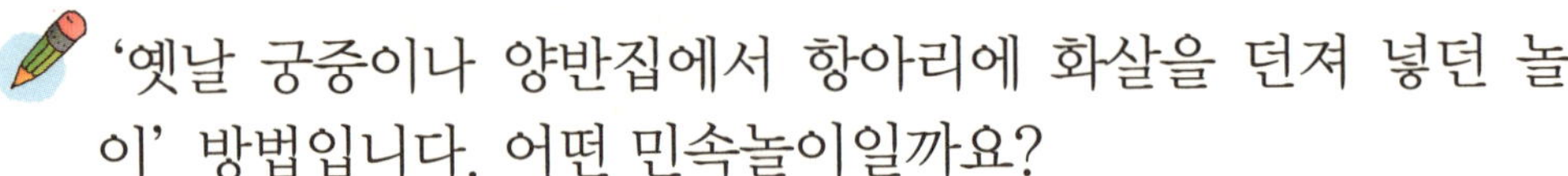

- 편을 나눈다.
- 화살은 청색과 백색으로 구분한다.
- 각자 화살을 두 개씩 가진다.
- 서로 번갈아가며 한 사람씩 통 속에 화살을 던진다.
- 통 속에 꽂힌 화살 수를 세어서 많은 편이 이기게 된다.

❶ 투호놀이   ❷ 제기차기   ❸ 팽이치기   ❹ 사방치기

5. 어떻게 정리할까요?

✏️ '푸른숲수목원'을 읽고 포함하는 낱말과 포함되는 낱말을 알아 봅시다.

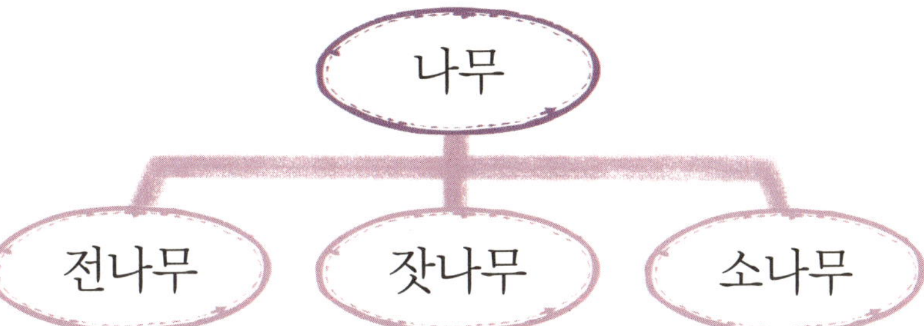

다른 낱말의 뜻을 포함하는 낱말은 '나무'이고
다른 낱말의 뜻에 포함되는 낱말은 '전나무, 잣나무, 소나무'예요.

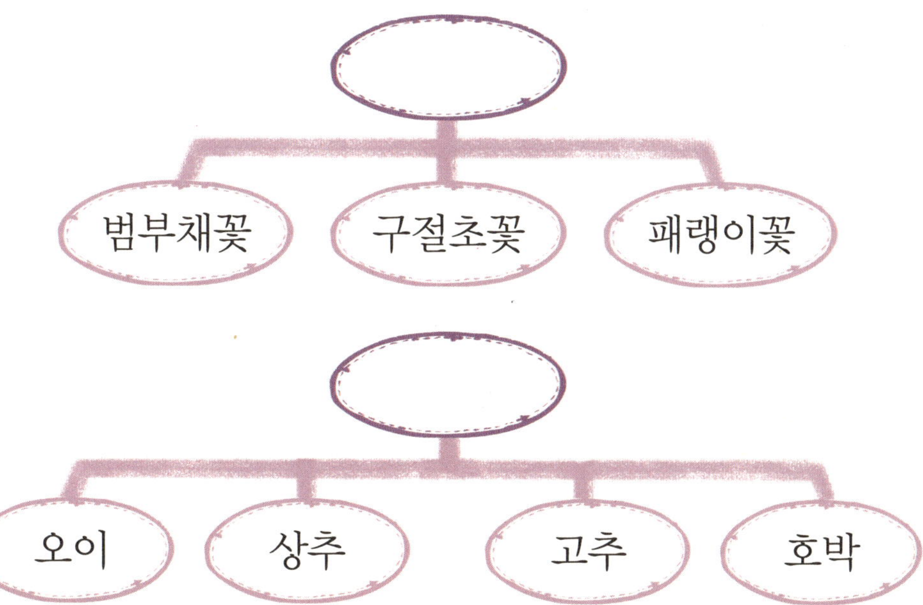

□ 안에 **포함하는 낱말**을 찾아 써 봅시다.

동물	⊃	코끼리, 호랑이, 사자, 토끼
	⊃	비둘기, 참새, 독수리, 까치
	⊃	봄, 여름, 가을, 겨울
	⊃	배추김치, 깍두기, 총각김치, 물김치
	⊃	고등어, 조기, 갈치, 명태
	⊃	동화책, 그림책, 위인전, 사전
	⊃	진돗개, 풍산개, 삽살개
	⊃	1원, 10원, 50원, 100원
	⊃	축구, 배구, 탁구, 수영, 줄넘기
	⊃	닭고기, 소고기, 돼지고기
	⊃	비스킷, 한과, 약과, 강정
	⊃	연필, 지우개, 자, 필통, 풀, 가위

계절   과자   개   고기   김치
동전   운동   책   새   생선   학용품

5. 어떻게 정리할까요?

읽기
84~86쪽

✏️ '천연 염색 이야기'를 읽고 **포함하는 낱말과 포함되는 낱말**을 알아 봅시다.

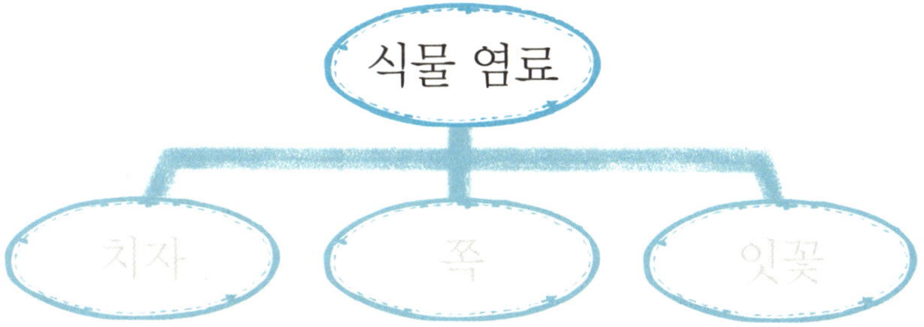

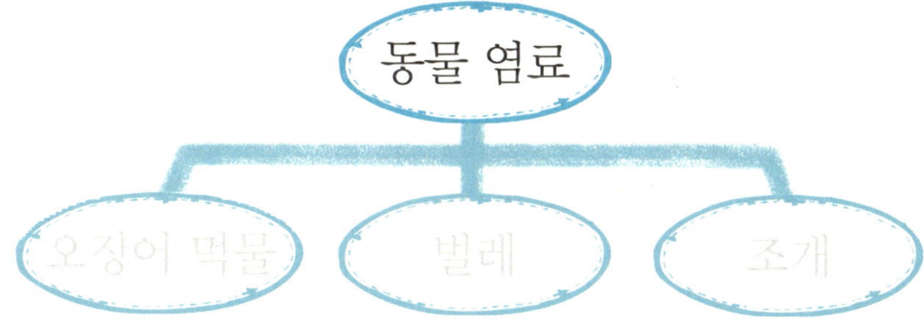

✏️ '옷감 등에 빛깔을 들이는 물질'을 뜻하는 낱말은 무엇일까요?

💚힌트❤️ '물감'과 비슷한 말이에요.

내가 만약 거인이 된다면 꼭 하고 싶은 일을 네 가지만 써 봅시다.

-
-
-
-

2학년 2학기

백점 만점의 100점 받아쓰기 13단계

읽기 78~79쪽

불러 주시는 내용을 잘 듣고 바르게 받아 써 보세요.

1.
2.
3.
4.
5.
6.
7.
8.
9.
10.

틀린 글자를 잊지 않도록 바르게 써 보세요.

점수

✏️ 불러 주시는 내용을 잘 듣고 바르게 받아 써 보세요.

1.

2.

3.

4.

5.

6.

7.

8.

9.

10.

✏️ 틀린 글자를 잊지 않도록 바르게 써 보세요.

점수

🖊 불러 주시는 내용을 잘 듣고 바르게 받아 써 보세요.

1.

2.

3.

4.

5.

6.

7.

8.

9.

10.

🖊 틀린 글자를 잊지 않도록 바르게 써 보세요.

점수

 잘못해서 맞춤법에 **틀리게** 썼어요. 바르게 고쳐 써 보세요.

틀린 글자	바르게 고친 글자

1. 열세 살이 되면 **스물여덜** 개의

2. 이를 **소중이** 여겨야 합니다.

3. 평소에 이를 **깨끄시** 닦는

4. **오솔끼리** 끝나는 곳에

5. 흙을 **발꼬** 걸을 수 있습니다.

6. 채소들이 **햇비출** 받으며

7. **옷까메** 물을 들였습니다.

8. 치자는 노란색의 **염뇨임니다.**

9. 공기와 **다으면** 파란색이 됩니다.

10. **벌래**, 조개 등이 있습니다.

점수

5단원의 받아쓰기 공부를 잘했나요?
맞춤법 문제는 13~15단계의 받아쓰기 중에서
틀리기 쉬운 글자를 중심으로 만들었어요.

6. 하고 싶은 말

6. 하고 싶은 말

읽기
90~91쪽

✏️ **글쓴이의 의견이 무엇인지** 생각하며 '광고문'을 따라 써 봅시다.

서로 다른 색이 모여 **하나**를 만듭니다.

우리 사회에는 많은 사람이 함께 살아가고 있습니다. 어린이, 노인에서부터 우리와 얼굴색이 다른 외국인도 있습니다. 우리는 서로 다른 일을 하며 살아가는 모습도 다릅니다. 우리가 서로를 이해할 때, 행복하게 살아갈 수 있습니다.

✏️ 이 글은 어떤 글인가요?

❶ 광고문　❷ 보고문　❸ 감상문　❹ 설명문

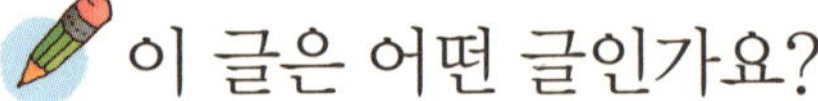

✏️ 이 글은 누가 쓴 것인가요?

✏️ 글쓴이의 의견은 무엇인가요?

6. 하고 싶은 말

 **글쓴이의 의견이 무엇인지** 생각하며 '쓰레기통을 놓아야 할까요?'를 따라 써 봅시다.

> 글쓴이가 하고 싶은 말로, 말하려는 중심 내용을 '의견'이라고 해요.

글쓴이의 의견

까닭
- 놀이터에 쓰레기통이 있으면 쓰레기가 많이 생기게 됩니다.
- 쓰레기통은 비우기 힘들고 제때에 비우지 않으면 나쁜 냄새도 납니다.
- 쓰레기통 때문에 놀이터가 지저분해지기도 합니다.

의견 놀이터에 쓰레기통을 놓으면 안 됩니다.

친구들의 의견

까닭 쓰레기를 버릴 곳이 있으면 놀이터가 훨씬 깨끗해질 것이다.

의견 놀이터에 쓰레기통이 있으면 좋겠다.

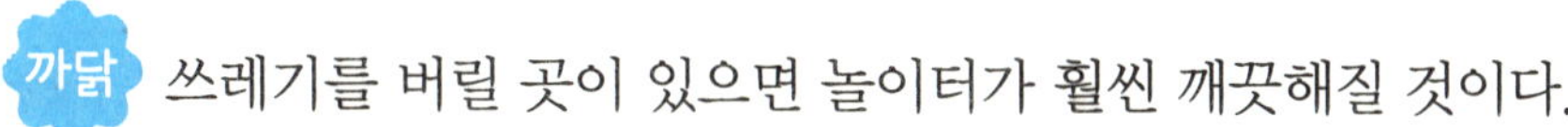 '앉아서 미끄러져 비스듬하게 내려오도록 만든 어린이 놀이 기구'는 무엇일까요?

♥힌트♥ 읽기 92쪽 '놀이터' 그림을 보면 나와 있어요.

✏️ **글쓴이의 의견이 무엇인지** 생각하며 '마을 회의'를 따라 써 봅시다.

정우 삼촌의 의견

까닭
- 길을 넓히려면 나무를 베어야 해요.
- 길을 넓히면 공기도 나빠져요.

의견
길을 넓히지 말자.

소라 어머니의 의견

까닭
- 큰 차가 들어오지 못해 물건을 실어 나르기 어려워요.
- 길이 좁아 병원에 갈 때 시간이 많이 걸려요.

의견
길을 넓히자.

✏️ **수수께끼** 마셔도 마셔도 배가 부르지 않는 것은?

💚힌트❤ 읽기 96쪽에 나와 있어요.

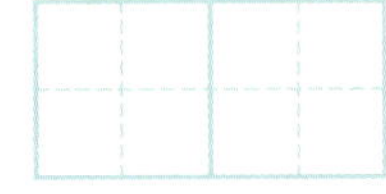

✏️ **속담** '□□가 커야 그늘도 크다' 라는 속담에 들어갈 말은?

💚힌트❤ '정우 삼촌의 의견'에 나와 있어요.

6. 하고 싶은 말

읽기
100쪽

✏️ **글쓴이의 의견이 무엇인지** 생각하며 '아씨방 일곱 동무'를 따라 써 봅시다.

옷감의 넓고 좁음, 길고 짧음을 알아야 해.

옷감을 잘라야 바느질을 할 수 있어.

내가 있어야 꿰매고 옷을 만들 수 있어.

내가 있어야 바늘이 일을 할 수 있어.

아씨 손을 다치지 않게 해야 돼.

울퉁불퉁한 구석을 살펴 모양을 잡아 주어야 해.

구겨지고 접힌 곳을 펴 주어야
옷의 맵시가 나.

| 자 | 골무 | 가위 | 다리미 | 바늘 | 인두 | 실 |

6. 하고 싶은 말

보기와 같이 내가 상상한 동물을 그려 보고, 동물의 이름도 지어 봅시다.

날개 달린 사자	다리 달린 물고기

동물 이름 :

6. 하고 싶은 말

 주장에 알맞은 까닭을 써 봅시다.

주장 스스로 자기 자리를 깨끗이 청소하자.

까닭 1
휴지를 함부로 버리면 교실이 더러워져서 우리들의 건강에 해롭습니다.

까닭 2
깨끗한 교실을 만들어야 좋은 환경에서 기분 좋게 공부할 수 있습니다.

주장할 때에 알맞은 까닭을 들지 않으면
다른 사람에게 내가 하고 싶은 말을 제대로 전할 수 없어요.

주장 자전거를 탈 수 있게 허락해 주세요.

까닭 1
자전거를 타면 다리가 튼튼해져서 달리기도 잘할 수 있어요.

까닭 2
자전거 타기가 서툴다고 안 타면 계속 못 타게 될 거예요.

6. 하고 싶은 말

보기와 같이 '물'과 관계있는 말이 많이 나올 수 있게 끝말 잇기를 해 봅시다.

수돗물 ➡ 물고기 ➡ 기분 ➡ 분수 ➡ 수영장 ➡ 장마

단오	➡	오징어	➡		➡	부두

	⬅	변소	⬅	강변	⬅	

금붕어	➡		➡	항구	➡	구름

'물로 끝나는 말'을 찾아 써 봅시다.

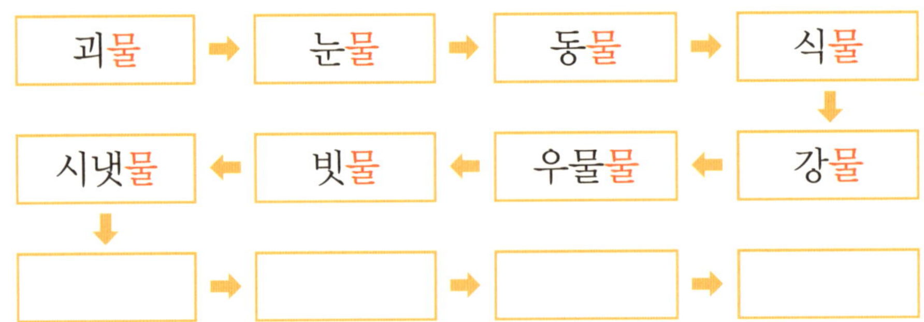

백점 만점의 100점
받아쓰기 16단계

🖍 불러 주시는 내용을 잘 듣고 바르게 받아 써 보세요.

1.

2.

3.

4.

5.

6.

7.

8.

9.

10.

🖍 틀린 글자를 잊지 않도록 바르게 써 보세요.

점수

백점 만점의 100점
받아쓰기 17단계

읽기
95~96쪽

✏️ 불러 주시는 내용을 잘 듣고 바르게 받아 써 보세요.

1.

2.

3.

4.

5.

6.

7.

8.

9.

10.

✏️ 틀린 글자를 잊지 않도록 바르게 써 보세요.

점수

백점 만점의 100점
받아쓰기 18단계

읽기
98~101쪽

✏️ 불러 주시는 내용을 잘 듣고 바르게 받아 써 보세요.

1.

2.

3.

4.

5.

6.

7.

8.

9.

10.

✏️ 틀린 글자를 잊지 않도록 바르게 써 보세요.

점수

6단원 맞춤법 학습지

 잘못해서 맞춤법에 **틀리게** 썼어요. 바르게 고쳐 써 보세요.

틀린 글자	바르게 고친 글자
1. **쓰래기를** 아무 데나 버렸습니다.	
2. **노리터가** 지저분해지기도 합니다.	
3. 쓰레기통을 **노으면** 안 됩니다.	
4. 나무를 많이 **배어야** 할 거예요.	
5. 길이 **조브니까** 참 불편해요.	
6. 물건을 **싫어** 나르기 어려워요.	
7. 아씨가 **낮짬이** 들었습니다.	
8. 서 말이라도 **께어야** 보배이지요.	
9. **코우슴부터** 한 번 치고	
10. 바늘이 무슨 일을 **하겐니**?	

점수

6단원의 받아쓰기 공부를 잘했나요?
맞춤법 문제는 16~18단계의 받아쓰기 중에서
틀리기 쉬운 글자를 중심으로 만들었어요.

7. 재미가 솔솔

 시의 느낌을 생각하며 '귤 한 개' 동시를 따라 써 봅시다.

귤
한 개가
방을 가득 채운다.

짜릿하고 향깃한
냄새로
물들이고

양지짝의 화안한
빛으로
물들이고

사르르 군침 도는
맛으로
물들이고

귤
한 개가
방보다 크다.

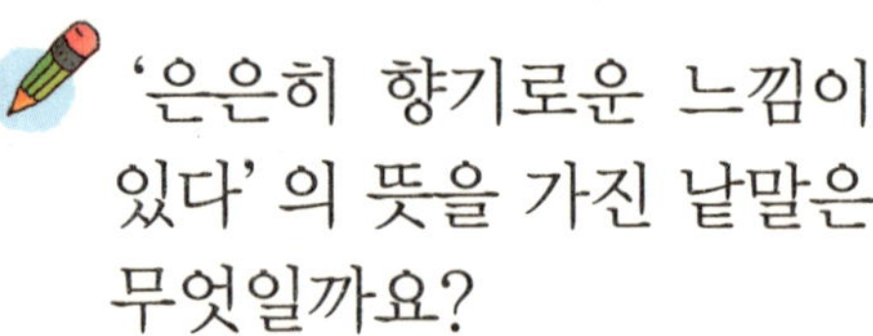 '은은히 향기로운 느낌이 있다'의 뜻을 가진 낱말은 무엇일까요?

♥힌트♥ '귤 한 개' 동시 2연에 나와 있어요.

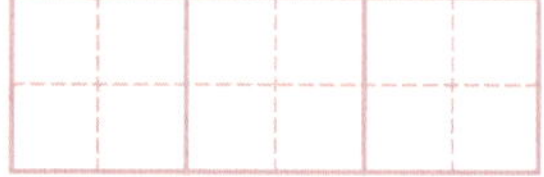

 '볕이 잘 드는 쪽'을 뜻하는 낱말은 무엇일까요?

♥힌트♥ '귤 한 개' 동시 3연에 나와 있어요.

7. 재미가 솔솔

시의 느낌을 생각하며 '산 위에서 보면' 동시를 따라 써 봅시다.

산 위에서 보면
학교가 나뭇가지에 달렸어요.

새장처럼 얽어 놓은 창문에,
참새 같은 아이들이
쏙쏙
얼굴을 내밀지요.

장난감 같은 교문으로
재조잘 재조잘
떠밀며 날아 나오지요.

'아래'의 반대말은 무엇일까요?

♥힌트♥ '산 위에서 보면' 동시 1연에 나와 있어요.

속담   '□□가 방앗간을 그냥 지나치랴' 라는 속담에 들어갈 말은?

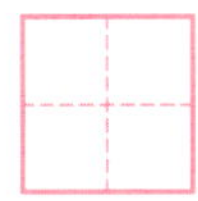
♥힌트♥ '산 위에서 보면' 동시 2연에 나와 있어요.

일이 일어난 차례를 생각하며 '거꾸로 나라 임금님'을 따라 써 봅시다.

훈이는 산에 놀러 갔다가 그만 길을 잃어버리고 말았습니다. 한참을 헤매다가 훈이는 거꾸로 나라로 가는 길 이라는 푯말을 발견하였습니다.

훈이가 거꾸로 나라에 들어서자 이상한 일이 일어났습니다. 갑자기 몸이 가벼워지는 것 같더니 두 다리가 위로 올라가고 머리가 땅바닥에 닿았습니다. 훈이는 깜짝 놀라서 두 손으로 땅을 짚고 물구나무 를 섰습니다.

"거꾸로 나라 임금님 이 되신 것을 축하합니다. 어서 왕관 을 쓰십시오."
"뭐라고? 발에다 왕관을 쓰라고? 안 돼. 난 머리에 쓸 테야."

7. 재미가 솔솔

이야기에 나오는 인물의 말을 실감나게 표현하는 방법을 써 봅시다.

1. 말의 높낮이를 생각하며 표현합니다.
말의 높낮이를 생각하며 표현합니다.

2. 말의 빠르기를 생각하며 표현합니다.
말의 빠르기를 생각하며 표현합니다.

3. 말소리의 크기를 생각하며 표현합니다.
말소리의 크기를 생각하며 표현합니다.

4. 몸짓이나 표정을 생각하며 표현합니다.
몸짓이나 표정을 생각하며 표현합니다.

'빙하기 때 얼음 속에 갇혀 있다가 어느 날 갑자기 서울로 오게 된 초록빛 아기 공룡'의 이름은 무엇일까요?

♥힌트♥ 듣기 · 말하기 90쪽에 나와 있어요.

‘어린양과 늑대’ 이야기를 떠올리며 ‘강 건너기’ 수수께끼를 풀어 봅시다.

1

2

3

4

답 : ❶ 양치기가 양을 데리고 건너가서 양을 두고 돌아온다.
❷ 양배추를 데리고 건너가서 양을 데리고 돌아온다.
❸ 늑대를 데리고 건너가서 늑대를 두고 돌아온다.
❹ 양을 데리고 건넌다.

✏️ 불러 주시는 내용을 잘 듣고 바르게 받아 써 보세요.

1.

2.

3.

4.

5.

6.

7.

8.

9.

10.

✏️ 틀린 글자를 잊지 않도록 바르게 써 보세요.

점수

백점 만점의 100점
받아쓰기 20단계

읽기
112~113쪽

✏️ 불러 주시는 내용을 잘 듣고 바르게 받아 써 보세요.

1.

2.

3.

4.

5.

6.

7.

8.

9.

10.

✏️ 틀린 글자를 잊지 않도록 바르게 써 보세요.

점수

백점 만점의 100점
받아쓰기 21단계

읽기
115~120쪽

✏️ 불러 주시는 내용을 잘 듣고 바르게 받아 써 보세요.

1.

2.

3.

4.

5.

6.

7.

8.

9.

10.

✏️ 틀린 글자를 잊지 않도록 바르게 써 보세요.

점수

 잘못해서 맞춤법에 **틀리게** 썼어요. 바르게 고쳐 써 보세요.

틀린 글자	바르게 고친 글자

1. 학교가 **나무까지에** 달렸어요.

2. 새장처럼 **얼거** 놓은 창문에

3. 참새 **가튼** 아이들이 쏙쏙

4. 길을 **이러버리고** 말았습니다.

5. 머리가 **땅빠닥에** 닿았습니다.

6. **똑빠로** 서려고 하였지만

7. 임금님이 되신 **거슬** 축하합니다.

8. **안 되**. 난 머리에 쓸 테야.

9. 책상 위에 **팔굼치를** 세워

10. 작문 시간이 **끈날** 무렵

점수

7단원의 받아쓰기 공부를 잘했나요?
맞춤법 문제는 19~21단계의 받아쓰기 중에서
틀리기 쉬운 글자를 중심으로 만들었어요.

우리말 꾸러미

✏️ 다음 낱말을 정확하게 소리 내어 읽고 써 봅시다.

① 국물	[궁물]	① 국물 [ ]
② 국민	[궁민]	② 국민 [ ]
③ 닫는	[단는]	③ 닫는 [ ]
④ 맞는	[만는]	④ 맞는 [ ]
⑤ 먹는	[멍는]	⑤ 먹는 [ ]
⑥ 집만	[짐만]	⑥ 집만 [ ]
⑦ 짓는	[진는]	⑦ 짓는 [ ]
⑧ 끝내다	[끈내다]	⑧ 끝내다 [ ]
⑨ 앞마당	[암마당]	⑨ 앞마당 [ ]
⑩ 합니다	[함니다]	⑩ 합니다 [ ]

① 같이	[가치]	① 같이 [ ]
② 굳이	[구지]	② 굳이 [ ]
③ 맏이	[마지]	③ 맏이 [ ]
④ 밭이	[바치]	④ 밭이 [ ]
⑤ 솥이	[소치]	⑤ 솥이 [ ]
⑥ 낱낱이	[난나치]	⑥ 낱낱이 [ ]
⑦ 물받이	[물바지]	⑦ 물받이 [ ]
⑧ 미닫이	[미다지]	⑧ 미닫이 [ ]
⑨ 해돋이	[해도지]	⑨ 해돋이 [ ]
⑩ 가을걷이	[가을거지]	⑩ 가을걷이 [ ]

❶ 국밥	[국빱]	❶ 국밥	[ ]
❷ 길가	[길까]	❷ 길가	[ ]
❸ 달빛	[달삔]	❸ 달빛	[ ]
❹ 몸짓	[몸찓]	❹ 몸짓	[ ]
❺ 물새	[물쌔]	❺ 물새	[ ]
❻ 밥상	[밥쌍]	❻ 밥상	[ ]
❼ 속담	[속땀]	❼ 속담	[ ]
❽ 학교	[학꾜]	❽ 학교	[ ]
❾ 논두렁	[논뚜렁]	❾ 논두렁	[ ]
❿ 눈동자	[눈똥자]	❿ 눈동자	[ ]

❶ 국화	[구콰]	❶ 국화	[ ]
❷ 놓다	[노타]	❷ 놓다	[ ]
❸ 입학	[이팍]	❸ 입학	[ ]
❹ 좋다	[조타]	❹ 좋다	[ ]
❺ 낙하산	[나카산]	❺ 낙하산	[ ]
❻ 노랗게	[노라케]	❻ 노랗게	[ ]
❼ 백화점	[배콰점]	❼ 백화점	[ ]
❽ 뽑히다	[뽀피다]	❽ 뽑히다	[ ]
❾ 좁히다	[조피다]	❾ 좁히다	[ ]
❿ 파랗다	[파라타]	❿ 파랗다	[ ]

❶ 꽃잎   [꼰닙]
❷ 담요   [담뇨]
❸ 물약   [물략]
❹ 솔잎   [솔립]
❺ 색연필   [생년필]
❻ 솜이불   [솜니불]
❼ 식용유   [시굥뉴]
❽ 집안일   [지반닐]
❾ 한여름   [한녀름]
❿ 홑이불   [혼니불]

❶ 꽃잎   [   ]
❷ 담요   [   ]
❸ 물약   [   ]
❹ 솔잎   [   ]
❺ 색연필   [   ]
❻ 솜이불   [   ]
❼ 식용유   [   ]
❽ 집안일   [   ]
❾ 한여름   [   ]
❿ 홑이불   [   ]

다음 낱말은 어떻게 소리 내어 읽어야 할까요?

담요 [   ]

♥힌트♥ '솜이불'과 같은 방법으로 읽으면 돼요.

눈요기 [   ]

♥힌트♥ '한여름'과 같은 방법으로 읽으면 돼요.

합성어 및 파생어에서 앞 단어나 접두사의 끝이 자음이고 뒤의 단어나 접미사의 첫음절이 '이, 야, 여, 요, 유'인 경우에는 'ㄴ'음을 첨가하여 [니, 냐, 녀, 뇨, 뉴]로 발음해요.

색-연필 [생년필]   솜-이불 [솜니불]   집안-일 [지반닐]
한-여름 [한녀름]   홑-이불 [혼니불]   꽃-잎 [꼰닙]
맨-입 [맨닙]   막-일 [망닐]

 뜻이 서로 비슷한 말을 보기에서 찾아 써 봅시다.

끌다	달리다	숙이다	마주치다

뛰 다 ⬌ ☐☐☐

굽 히 다 ⬌ ☐☐☐

당 기 다 ⬌ ☐☐

만 나 다 ⬌ ☐☐☐☐

한가위　　모아　　소변　　계란

힘을 합쳐 청소합니다.

즐거운 추석입니다.

우리 집 닭이 달걀을 낳았습니다.

우리 아기가 오줌을 쌌어요.

보기를 보고 빈칸에 알맞은 말을 넣어 문장을 만들어 봅시다.

> 열심히　　　힘껏　　　방긋　　　맛있게
>
> 언제나　　　제일　　　세차게

① 코끼리가 풀을 　　　　 먹습니다.

② 서희가 책을 　　　　 읽습니다.

③ 영수가 공을 　　　　 찹니다.

④ 귀여운 아기가 나를 보고 　　　　 웃습니다.

⑤ 겨울바람이 　　　　 붑니다.

⑥ 내 동생은 숙제하기를 　　　　 싫어합니다.

⑦ 축구 시합은 　　　　 재미있습니다.

답 : ① 맛있게 ② 열심히 ③ 힘껏 ④ 방긋
⑤ 세차게 ⑥ 제일 ⑦ 언제나

우리말 꾸러미

쓰기
95~97쪽

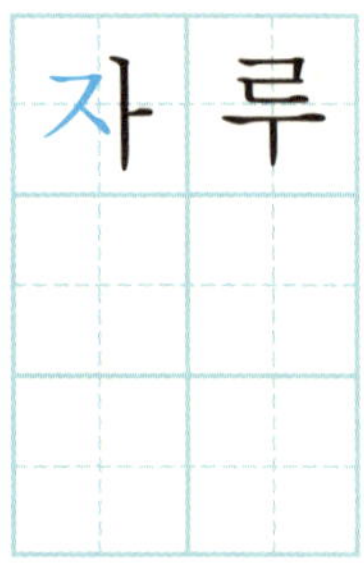자음자의 위치에 따라 글씨가 달라짐을 알고 낱말을 바르게 써 봅시다.

자 루

적 십 자

조 약 돌

차 비

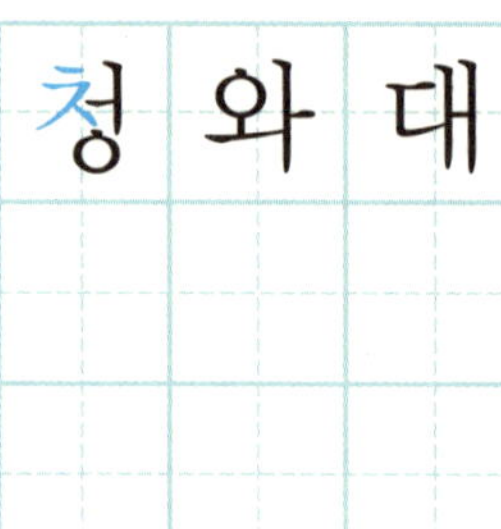청 와 대

초 가 집

카 메 라

컴 퓨 터

코 끼 리

타조　턱수염　토스트

파리　필리핀　포장지

싸움　쌍둥이　소가리

짜증　짝짓기　조르륵

 낱자 사이의 간격을 생각하며 가로선에 맞추어 낱말을 바르게 써 봅시다.

늘 물 풀

하늘   물고기   강아지풀

헛바늘   물레방아   풀빛

나무늘보   괴물   쌍꺼풀

낱자 사이의 간격을 생각하며 세로선에 맞추어 낱말을 바르
게 써 봅시다.

따 이 야

따 님   이 집 트   야 자 나 무

딸 꾹 질   일 기 예 보   얌 체

수 수 팥 떡   읽 기   비 상 약

우리말 꾸러미

쓰기
102~103쪽

✏️ **잘못 쓰기 쉬운 말**을 바르게 써 봅시다.

① 방이 좀 지저분하네. 우리 깨끗히 치우자.

깨끗이

② 열심이 운동하면 몸이 튼튼해져.

열심히

③ 쓰레기가 수북히 쌓여서 보기 흉하다.

수북이

④ 도서실에서는 조용이 책을 읽어야 해.

조용히

⑤ 곰곰히 생각하여 보면 알 수 있어.

곰곰이

⑥ 배가 불러서 도저이 더 못 먹겠어.

도저히

⑦ 너무 초조해 말고 마음을 느긋히 가져라.

느긋이

⑧ 다행이 우리는 친구 집을 쉽게 찾았다.

다행히

'이'로 소리 나는 것
깨끗이, 수북이, 곰곰이, 느긋이,
반듯이, 낱낱이, 가벼이, 끔찍이

'히'로 소리 나는 것
열심히, 조용히, 도저히, 다행히,
영원히, 유난히, 과감히, 꾸준히

비슷하지만 뜻이 다른 낱말을 바르게 써 봅시다.

> **느리다** 어떤 동작을 하는 데 시간이 오래 걸리다.
> **늘이다** 어떤 물건을 원래 크기보다 더 길게 하다.

❶ 자동차가 거북이처럼 너무 ☐☐☐ 갔다.

❷ 엿장수가 엿가락을 길게 ☐☐☐.

> **거름** 식물이 잘 자라도록 흙에 주는 영양분
> **걸음** 두 발을 옮겨 놓는 동작

❸ ☐☐ 을 주면 식물이 잘 자라지.

❹ ☐☐ 아 날 살려라, 꽁지 빠지게 도망갔네.

> **붙이다** 맞닿아 떨어지지 않게 하다.
> **부치다** 편지나 물건 따위를 일정한 수단이나 방법을 써서
> 상대에게 보내다.

❺ 메모지를 공책에 덕지덕지 ☐☐☐.

❻ 시골에 계신 할머니께 편지를 써서 ☐☐☐.

답 : ❶ 느리게 ❷ 늘였다 ❸ 거름 ❹ 걸음 ❺ 붙였다 ❻ 부쳤다

우리말 꾸러미

 규칙에 맞게 **띄어쓰기**를 바르게 써 봅시다.

내가가장좋아하는친구는김모범입니다.

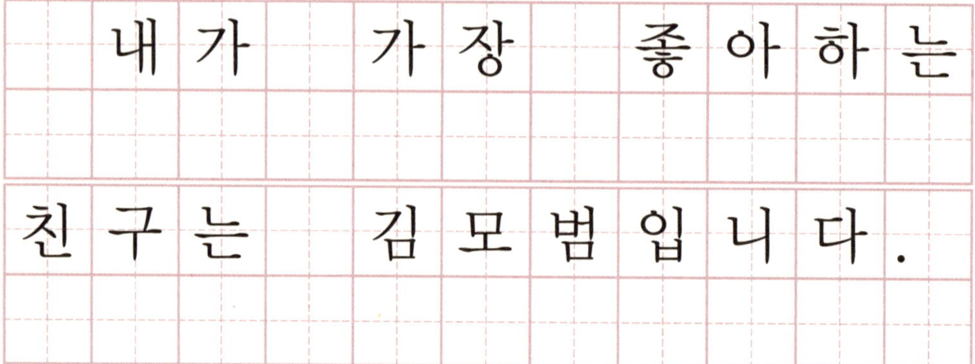

| 내 | 가 | | 가 | 장 | | 좋 | 아 | 하 | 는 |
| 친 | 구 | 는 | | 김 | 모 | 범 | 입 | 니 | 다 | . |

내이름은정약용이야.

| 내 | | 이 | 름 | 은 | | 정 | 약 | 용 | 이 |
| 야 | . | | | | | | | | |

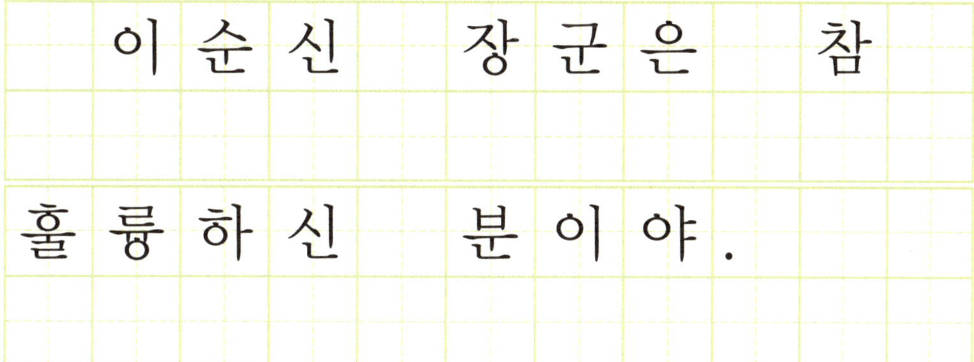

이 순 신 장 군 은 참

훌 륭 하 신 분 이 야 .

황 희 정 승 의 집 은

다 쓰 러 져 가 는 초 가 집

이 었 습 니 다 .

성과 이름을 쓸 때에는 모두 붙여 씁니다. ➡ 김유신, 이율곡, 최무선, 정약용

단, 이름 뒤에 붙는 관직 이름이나 호칭은 띄어 씁니다.

➡ 이순신 장군, 황희 정승, 수일 오빠, 철수 형

우리말 꾸러미

〈ㅅ, ㅆ〉 소리를 정확하게 발음하고 바르게 써 봅시다.

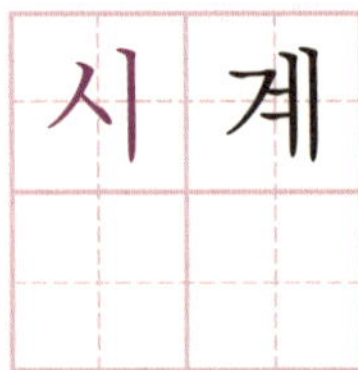
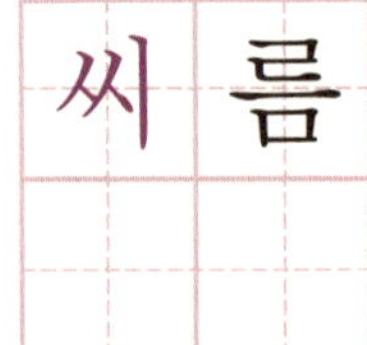

예사소리(평음)	예사롭게 발음이 되는 닿소리를 말해요.
	➡ ㄱ, ㄷ, ㅂ, ㅅ, ㅈ
된소리(경음)	되게 발음이 되는 닿소리를 말해요.
	➡ ㄲ, ㄸ, ㅃ, ㅆ, ㅉ
거센소리(격음)	거세게 발음이 되는 닿소리를 말해요.
	➡ ㅊ, ㅋ, ㅌ, ㅍ

〈ㅈ, ㅉ, ㅊ〉 소리를 정확하게 발음하고 바르게 써 봅시다.

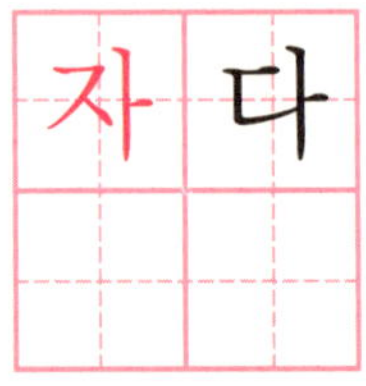
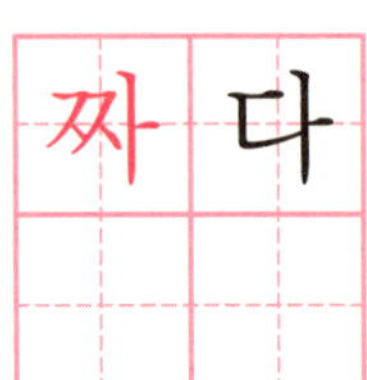
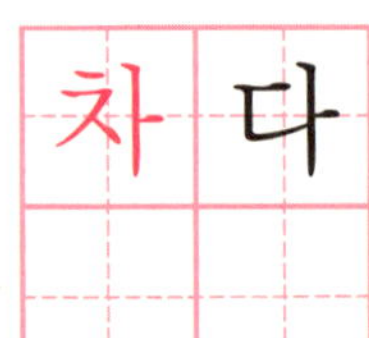

우리말 꾸러미

듣기 · 말하기
102~103쪽

✏️ **낱말**의 **말소리의 길이**에 주의하며 정확히 발음하여 봅시다.

[눈]

눈

[눈ː]

[발]

발

[발ː]

[솔]

솔

[솔ː]

글자는 같은데 말소리의 길이가 달라요.

'ː'는 길게 소리 낼 때에 사용하는 표시예요.

방화는 '불이 나는 것을 미리 막는다'는 뜻이고, 방:화는 '일부러 불을 지른다'는 뜻이에요. 말소리의 길이에 따라 낱말의 뜻이 달라져요.

맞춤법 학습지 정답

1~7단원

1단원

읽기 6~20쪽

1. 매달린
2. 밑에
3. 가마솥에다
4. 꾀를
5. 맛이
6. 먹어
7. 숙이고
8. 떨어뜨릴
9. 목을
10. 바람이

2단원

읽기 24~35쪽

1. 직접
2. 월요일은
3. 물을
4. 예로부터
5. 교훈을
6. 지혜가
7. 깎아
8. 얼굴
9. 도깨비처럼
10. 반갑게

3단원

읽기 40~53쪽

1. 뾰족한
2. 넓적한
3. 갑자기
4. 네모는
5. 심술궂은
6. 엉뚱한
7. 여봐라
8. 좋을까요
9. 싫어
10. 친구들은

4단원

읽기 60~71쪽

1. 차례가
2. 흙이
3. 눈길도
4. 쓰다듬어
5. 가벼웠다
6. 읽으며
7. 오랜
8. 품삯을
9. 젊은이
10. 뿌렸습니다

5단원

읽기 78~85쪽

1. 스물여덟
2. 소중히
3. 깨끗이
4. 오솔길이
5. 밟고
6. 햇빛을
7. 옷감에
8. 염료입니다
9. 닿으면
10. 벌레

6단원

읽기 92~101쪽

1. 쓰레기를
2. 놀이터가
3. 놓으면
4. 베어야
5. 좁으니까
6. 싫어
7. 낮잠이
8. 꿰어야
9. 코웃음부터
10. 하겠니

7단원

읽기 105~120쪽

1. 나뭇가지에
2. 얽어
3. 같은
4. 잃어버리고
5. 땅바닥에
6. 똑바로
7. 것을
8. 안 돼
9. 팔꿈치를
10. 끝날

백점 만점의 100점
받아쓰기 단계장 카드

1~21단계

백점 만점의 100점 받아쓰기 1단계

읽기 6~10쪽

1. 한 줄기에 조로롱 매달린
2. 달랑달랑 방울 소리
3. 누가 들어 봤을까?
4. 은방울에 맺힌 빗방울도
5. 향기까지 흔들린다.
6. 밤 한 되를 사다가
7. 선반 밑에 두었더니
8. 올랑졸랑 생쥐가
9. 들락날락 다 까먹고
10. 가마솥에다 삶을까.

백점 만점의 100점 받아쓰기 2단계

읽기 12~14쪽

1. 여기에서 꿩을 구워 먹고 가자꾸나.
2. 돌쇠는 신이 나서 불을 피웠습니다.
3. 양반이 꾀를 내어 말하였습니다.
4. 야들야들 다 익었을까?
5. 쫄깃쫄깃 맛이 있을까?
6. 냠냠 한번 먹어 볼까?
7. 시도 안 짓고 왜 고기를 먹느냐?
8. 할 말이 없어 입맛만 다셨습니다.
9. 양반은 그만 얼굴이 붉어져
10. 고개를 숙이고 말았답니다.

백점 만점의 100점 받아쓰기 3단계

읽기 16~20쪽

1. 망가뜨리면 혼쭐을 낼 거야.
2. 털을 떨어뜨릴 수도 있잖아?
3. 마음껏 마시렴.
4. 샘물에 목을 축인 토끼는
5. 숲 속을 깡충깡충 뛰어다녔어요.
6. 항상 새로운 물이 솟고 있단다.
7. 바람이 지나갈 때마다
8. 옹달샘은 큰 소리로 외쳤어요.
9. 수북이 쌓인 잎사귀들에 눌려
10. 아무도 들을 수 없었어요.

백점 만점의 100점 받아쓰기 4단계

읽기 24~29쪽

1. 네 개의 전시실로 나뉘어
2. 비교할 수 있습니다.
3. 직접 눈으로 보고
4. 손으로 만져 볼 수 있습니다.
5. 매주 월요일은 쉽니다.
6. 그렇다면 고래는 왜 물을 뿜을까?
7. 참고 있던 숨을 한꺼번에
8. 숨구멍으로 뿜어낸단다.
9. 숨구멍이 왼쪽으로 치우쳐 있어
10. 비스듬히 물을 뿜지.

백점 만점의 100점 받아쓰기 5단계

읽기 31쪽

1. 가는 말이 고와야 오는 말이 곱다.
2. 서로 말을 곱게 하라는 뜻으로
3. 예로부터 전해져 왔습니다.
4. 짧은 말을 속담이라고 합니다.
5. 속담은 교훈을 담고 있습니다.
6. 티끌 모아 태산이라는 말을
7. 들어 본 적이 있나요?
8. 조상의 지혜가 담겨 있습니다.
9. 그렇게 때문에 지금도
10. 많은 사람이 속담을 사용합니다.

백점 만점의 100점 받아쓰기 6단계

읽기 33~35쪽

1. 나무나 돌을 깎아 만든
2. 장승을 쉽게 찾아볼 수 있었지.
3. 길을 알려 주는 역할도 하였어.
4. 얼굴 모습도 아주 다양하단다.
5. 도깨비처럼 무섭게 만들거나
6. 할아버지처럼 친근한 모습으로
7. 우스꽝스러운 모습으로도 만들었지.
8. 어려움을 함께 나누는
9. 든든한 친구 하나 있으면 좋겠지?
10. 반갑게 인사하여 보면 어떨까?

백점 만점의 100점 받아쓰기 7단계

읽기 40~41쪽

1. 세모, 네모, 동그라미가 있었어요.
2. 서로 자기 자랑을 하였어요.
3. 뾰족한 자기 머리를 자랑하였고
4. 넓적한 자기 얼굴을 자랑하였고
5. 아무 자랑도 하지 않았답니다.
6. 그때, 갑자기 비가 내렸어요.
7. 얼른 나무 밑으로 굴러갔어요.
8. 네모는 구를 수가 없었지요.
9. 동그라미는 아무 말 없이
10. 세모와 네모를 데려다 주었답니다.

백점 만점의 100점 받아쓰기 8단계

읽기 43~46쪽

1. 심술궂은 사또가 살았어.
2. 무슨 엉뚱한 일을 시킬지 몰라
3. 늘 걱정이 되었어.
4. 찬바람이 쌩쌩 부는 겨울날
5. 여봐라, 이방. 산딸기를 따 오너라.
6. 이방은 어리둥절하였어.
7. 음, 꾀병을 부리는구나.
8. 사또님 말씀이 옳습니다.
9. 겨울에는 독사가 없지요.
10. 마찬가지로 산딸기도 없습니다.

백점 만점의 100점 받아쓰기 9단계

읽기 48~53쪽

1. 쓰레기를 함부로 버리면 안 된단다.
2. 물이 오염되지 않게 해야겠어요.
3. 어떤 집을 만들면 좋을까요?
4. 마당이 있는 집에서 살고 싶어.
5. 친구들과 뛰어놀기에도 좋아.
6. 움직이는 집이 있었으면 좋겠어.
7. 여러 곳을 여행하고 싶어.
8. 경치가 아름다운 집에서 살고 싶어.
9. 예쁜 꽃과 나무를 볼 수 있잖아?
10. 친구들은 즐거워하였습니다.

백점 만점의 100점 받아쓰기 10단계

읽기 60~62쪽

1. 운동장에서 경기를 하였다.
2. 차례를 기다리며 응원을 하였다.
3. 내 짝 민지 차례가 되었다.
4. 공에 걸려 넘어지고 말았다.
5. 민지를 일으켜 줘야 하나?
6. 나는 공을 몰고 그냥 들어왔다.
7. 민지의 얼굴이 빨갛게 변해 있었다.
8. 옷에는 흙이 묻어 있었다.
9. 민지야, 미안해.
10. 나에게 눈길도 주지 않았다.

백점 만점의 100점 받아쓰기 11단계

읽기 64~65쪽

1. 내 시가 뽑혔다.
2. 머리를 쓰다듬어 주셨다.
3. 어깨가 으쓱하였다.
4. 집으로 가는 발걸음이 가벼웠다.
5. 시를 읽으며 흐뭇해하셨다.
6. 나도 기분이 좋았다.
7. 그래, 책이 준 선물이구나!
8. 책은 선물보따리란다.
9. 손을 꼭 잡아 주셨다.
10. 어머니의 손이 따스하였다.

백점 만점의 100점 받아쓰기 12단계

읽기 67~71쪽

1. 아주 오랜 옛날
2. 백두산 아래 외딴 마을에
3. 어머니와 아들이 살았습니다.
4. 품삯을 받고 남의 일을 해 주며
5. 곧장 약초를 찾으러 떠났습니다.
6. 아, 장생초를 구할 수 없단 말인가!
7. 젊은이, 여기는 무엇하러 왔나?
8. 그런데 부탁이 하나 있네.
9. 곳곳에 씨앗을 뿌렸습니다.
10. 건강하게 오래오래 사셨습니다.

오려서 사용하세요.

백점 만점의 100점 받아쓰기 13단계

읽기 78~79쪽

1. 아기가 태어났을 때는
2. 이가 하나도 없습니다.
3. 태어난 지 육 개월쯤 되면
4. 앞니 두 개가 나오기 시작합니다.
5. 세 살 정도 되면 스무 개쯤 됩니다.
6. 열세 살이 되면 스물여덟 개의
7. 새 이를 영구치라고 합니다.
8. 우리는 이를 소중히 여겨야 합니다.
9. 평소에 이를 깨끗이 닦는
10. 습관을 가져야 하겠습니다.

백점 만점의 100점 받아쓰기 14단계

읽기 82쪽

1. 소나무 향을 맡으며
2. 흙을 밟고 걸을 수 있습니다.
3. 오솔길이 끝나는 곳에
4. 들꽃 정원이 있습니다.
5. 범부채꽃, 구절초꽃, 패랭이꽃
6. 주변에서 흔히 볼 수 없는
7. 채소들이 햇빛을 받으며
8. 푸릇푸릇하게 자라고 있습니다.
9. 오이, 상추, 고추, 호박
10. 열매 맺는 모습을 볼 수 있습니다.

백점 만점의 100점 받아쓰기 15단계

읽기 84~85쪽

1. 우리 조상은 자연에서 색을 얻어
2. 옷감에 물을 들였습니다.
3. 이것을 천연 염색이라고 합니다.
4. 우리가 흔히 보는 식물이나 동물도
5. 천연 염색의 재료가 됩니다.
6. 치자는 노란색의 염료입니다.
7. 초록색 쪽물에 담긴 옷감이
8. 공기와 닿으면 파란색이 됩니다.
9. 동물 염료로는 오징어 먹물과
10. 벌레, 조개 등이 있습니다.

백점 만점의 100점 받아쓰기 16단계

읽기 92~93쪽

1. 우리 동네 놀이터에는
2. 재미있는 놀이 기구들이 있습니다.
3. 그런데 쓰레기통을 없애면서
4. 쓰레기를 아무 데나 버렸습니다.
5. 쓰레기통이 있으면 좋겠다고
6. 훨씬 깨끗해질 것이라고 합니다.
7. 그러나 제 생각은 다릅니다.
7. 쓰레기통은 제때에 비우지 않으면
9. 놀이터가 지저분해지기도 합니다.
10. 쓰레기통을 놓으면 안 됩니다.

백점 만점의 100점 받아쓰기 17단계

읽기 95~96쪽

1. 길을 넓히려면
2. 나무를 많이 베어야 할 거예요.
3. 공기도 나빠지게 돼요.
4. 길이 좁으니까 참 불편해요.
5. 큰 차가 들어오지 못해
6. 물건을 실어 나르기 어려워요.
7. 지난번에 소라가 아팠을 때
8. 길이 좁아서 병원에 가는 데
9. 시간이 많이 걸렸어요.
10. 쉽게 결정을 내리지 못하였습니다.

백점 만점의 100점 받아쓰기 18단계

읽기 98~101쪽

1. 아씨가 낮잠이 들었습니다.
2. 자 부인이 큰 키를 뽐내며
3. 길고 짧음은 내가 아니면 알 수 없어.
4. 가위 색시가 입을 삐쭉이며
5. 자르지 않으면 무슨 소용이 있나요?
6. 새침데기 바늘 각시가 따끔하게 쏘듯
7. 구슬이 서 말이라도 꿰어야 보배이지요.
8. 홍실 각시는 코웃음부터 한 번 치고
9. 실이 없는 바늘이 무슨 일을 하겠니?
10. 에헴, 나도 말참견 좀 해야겠다.

백점 만점의 100점 받아쓰기 19단계

읽기 105~109쪽

1. 달 달 무슨 달 쟁반같이 둥근 달
2. 어디 어디 떴나 남산 위에 떴지.
3. 귤 한 개가 방을 가득 채운다.
4. 사르르 군침 도는 맛으로 물들이고
5. 산 위에서 보면
6. 학교가 나뭇가지에 달렸어요.
7. 새장처럼 얽어 놓은 창문에
8. 참새 같은 아이들이 쏙쏙
9. 장난감 같은 교문으로
10. 떠밀며 날아 나오지요.

백점 만점의 100점 받아쓰기 20단계

읽기 112~113쪽

1. 길을 잃어버리고 말았습니다.
2. 몸이 가벼워지는 것 같더니
3. 머리가 땅바닥에 닿았습니다.
4. 땅을 짚고 물구나무섰습니다.
5. 똑바로 서려고 하였지만
6. 웬일인지 몸이 말을 듣지 않았습니다.
7. 산새까지도 거꾸로 다니고 있네!
8. 임금님이 되신 것을 축하합니다.
9. 뭐라고? 발에다 왕관을 쓰라고?
10. 안 돼. 난 머리에 쓸 테야.

백점 만점의 100점 받아쓰기 21단계

읽기 115~120쪽

1. 책상 위에 팔꿈치를 세워
2. 머리를 비스듬히 괴고
3. 이마가 종이에 부딪칠 만큼
4. 머릿속에 번갯불처럼 스치는
5. 미술 시간의 일이 생각났습니다.
6. 무슨 심보가 어떻게 틀어졌는지
7. 나중에는 못 빌려 주겠다고
8. 오므려 싸서 감추어 버렸습니다.
9. 작문 시간이 끝날 무렵
10. 무슨 소가 세 발밖에 없단 말인고?

오려서 사용하세요.